V&R

Stavros Mentzos

Psychodynamische Modelle in der Psychiatrie

Mit 2 Abbildungen

Dritte Auflage

Vandenhoeck & Ruprecht
Göttingen · Zürich

Die Deutsche Bibliothek – CIP-Einheitsaufnahme

Mentzos, Stavros:
Psychodynamische Modelle in der Psychiatrie / Stavros Mentzos. –
3. Aufl. – Göttingen : Vandenhoeck und Ruprecht, 1993
ISBN 3-525-45727-8

3. Auflage 1993

Printed in Germany
Druck und Einband: Hubert & Co., Göttingen

Inhalt

Vorwort 7

Einführung 9

I *Psychoanalytisch orientierte Modelle für die Psychiatrie*
Versuch einer Integration 19

II *Konfliktmodell und psychotische Dynamik*
Die Kontroverse Defekt versus Konfliktabwehr 29

Zwischenbemerkung zur Bedeutung der Aggression 41
Die affektiven Psychosen 42

III *Einzelpsychotherapie bei psychotischen Störungen* 47

Therapeutische Möglichkeiten 51
Drei nicht empfehlenswerte therapeutische Verfahren 56
Drei geeignete therapeutische Settings 58
Symptom als kompromißhafte oder Ersatzbefriedigung 64

IV *Die Psychodynamik affektiver Psychosen* 68

Psychodynamik der Depression 70
Entstehung und Regulation des Selbstwertgefühls 72
Über-Ich und Ich-Ideal (Selbst-Ideal) 74
Scham- und Schuldgefühle 79
Illustration durch Kasuistik 81

V *Affektive Psychose, Schizophrenie und neurotische Depression* 87

Reaktionen auf Abweisung und Frustration 87
Reaktionen bei Annäherung und Zuwendung 89
Bipolarität versus Monopolarität des Depressiven – eine gewagte Vermutung 91
Das Problem des Depressiven und das des Schizophrenen 93

Schizophrener "Defekt" versus depressive Leere 94
Aggression in der Dynamik der Depression 95
Psychotische, neurotische und reaktive Depressionen 97

Exkurs 1: Der biologische Faktor 101
Exkurs 2: Einige zusätzliche Bemerkungen zur Therapie 103
Exkurs 3: Die Beziehung des dargestellten Modells zu den Begriffen der Symbiose und der Oralität 104

VI *Persönlichkeitsstörungen*
Psychodynamische und psychoanalytische Aspekte 107

Der Patient D. 109
Der Patient H. 111
Ein dreidimensionales Modell 112
Versuch einer graphischen Darstellung des dreidimensionalen diagnostischen Modells 113
Symptom- und Charakterbildung 117
Ein psychodynamisches Konzept der Psychopathie im engeren Sinne 122

VII *Die Beziehung zwischen dem intrapsychischen und dem institutionellen Zwang* 126

Der Zwang in der Institution 127

Literatur 135

Autoren- und Sachregister 137

Vorwort

Das heutige Übergewicht einer einseitig somatisch und allenfalls streng deskriptiv orientierten Psychiatrie und die in den 70er Jahren beginnende und immer stärker werdende Rückläufigkeit des Interesses für psychodynamische Zusammenhänge in den USA, die nicht ohne Einfluß im deutschsprachigen Raum geblieben ist, könnte erwarten lassen, daß Untersuchungen und Überlegungen zur Psychodynamik einen nur beschränkten Kreis von Psychiatern interessieren würden. In Wirklichkeit sprechen meine Erfahrungen für das Gegenteil. Bei Vorträgen zur Psychodynamik psychiatrischer Erkrankungen, die ich in mehreren Städten der Bundesrepublik und der Schweiz gehalten haben, gab es immer großen Andrang, vorwiegend von jüngeren Kollegen, aber auch von Vertretern des "Mittelbaues", sowie eine angeregte und interessierte Diskussion. Insgesamt gewann ich den Eindruck, daß – auch wenn die heutigen Psychiatrie-Lehrstuhlinhaber mehrheitlich nur geringes Interesse für Psychodynamik haben und auch wenn die offiziellen, bekannten Veröffentlichungen von jener Einseitigkeit sind, welche auch die amerikanische Psychiatrie heute kennzeichnet, – doch auf der mittleren und "unteren" Ebene der universitären und anderer Kliniken sowie bei den Nichtfachleuten ein regelrechter Durst nach neuen Erkenntnissen und Erfahrungen auf dem Gebiet einer psychoanalytisch orientierten Diagnostik und Therapie besteht.

Aus diesem Grunde habe ich mich entschlossen, die klinischen und therapeutischen Erfahrungen, die theoretischen Überlegungen und die psychodynamischen Modelle, die ich in diesen Vorträgen dargestellt habe, in einer systematischeren Weise darzustellen. Ich hoffe, daß ich damit dem Interesse jener Leser entgegenkomme, die auf viele ihrer Fragen durch eine einseitige sogenannte "biologische Psychiatrie" (trotz ihrer unleugbar großen Fortschritte in den letzten 30 Jahren) keine befriedigenden Antworten bekommen. Ich behaupte freilich nicht, daß ich zu allen diesen Fragen eine Antwort habe. Ich meine jedoch, daß die psychodynamische Betrachtungsweise eine erhebliche Bereicherung unseres Verständnisses für psychotische und andere psychiatrische Patienten bedeutet.

Meine Darstellung psychischer Störungen unterscheidet sich in vielen Punkten erheblich von der offiziellen psychiatrischen Lehrmeinung, stellt aber glücklicherweise auch nicht eine vereinzelte Stimme in der Wüste dar. Sie reiht sich vielmehr in ein Kontinuum von Bemühungen anderer psychodynamisch interessierter Autoren ein, deren Entwürfe und Konzepte viele Berührungspunkte und Gemeinsamkeiten zu unseren, sowohl in den Konzeptualisierungen als auch in den Zielen aufweisen.

So zielt zum Beispiel das "Affektlogik"-Modell von *Ciompi* und seine Anwendung bei der Schizophrenie ebenfalls auf eine Integration biologischer, psychosozialer und psychodynamischer Gegebenheiten. Auch in bezug auf einzelne Teilkomponenten dieses Modells bestehen Ähnlichkeiten und Entsprechungen zu meinen theoretischen Konstrukten. Zum Beispiel ist die Verwandtschaft der "Gleichgewichtszustände" bei *Ciompi* mit unseren "auf unterschiedlichen Regressionsgraden beruhenden Abwehrorganisationsebenen" nicht zu verkennen. In meinen Darlegungen habe ich allerdings im allgemeinen solche Verbindungslinien nicht weiter verfolgt, um den Text nicht zu verkomplizieren. Nur an einigen Stellen werden solche Vergleiche vorgenommen, sofern sie für ein besseres Verständnis nützlich erscheinen.

An erster Stelle möchte ich mich bei meinen Patienten bedanken, die mir überhaupt die Erfahrungen ermöglicht haben, die den Kern dieses Buches ausmachen. Des weiteren bedanke ich mich bei allen Mitarbeitern der Abteilung Psychotherapie/Psychosomatik am Klinikum der Universität Frankfurt a.M., die mich in zahlreichen Diskussionen zu den hier relevanten Themen und Problemen angeregt, korrigiert und zu weiteren Überlegungen veranlaßt haben.

Schließlich gilt mein Dank Frau Dr. med. *Evemarie Siebecke-Giese*, die nicht nur durch die zahlreichen stilistischen Hinweise, sondern auch durch das Hinterfragen unklarer Formulierungen im Text erheblich zu seiner Verbesserung beigetragen hat.

Stavros Mentzos

Einführung

Als junger Stationsarzt pflegte ich mir jeden Morgen in der unruhigen geschlossenen Abteilung vor der Hauptvisite die in der Nacht eventuell neuangekommenen Patienten anzusehen. Eines Tages ging ich allein in das Zimmer einer Patientin, die in der Nacht in einem sehr unruhigen, akut psychotischen Zustand aufgenommen worden war, um mir einen ersten Eindruck zu verschaffen. Die Patientin – wie sich später herausstellte, eine einfach strukturierte Arbeiterin – saß hocherregt in ihrem Bett und redete verworren. Als sie mich sah, fing sie an, laut die Schwestern zu rufen, sie sollten schnell kommen, weil der Arzt (also ich) verrückt geworden sei und man ihm schnell helfen müsse.

Trotz meiner bis dahin traditionellen, streng auf das Deskriptive ausgerichteten Schulung konnte ich nicht anders, als diese absurde Behauptung der Patientin als den verzweifelten Versuch zu verstehen, das Schreckliche von sich selbst abzuwenden und den eigenen intrapsychischen momentanen Zustand sowie die Angst vor der umsichgreifenden Desintegration nach außen, auf den Doktor zu projizieren, um sich womöglich dadurch eine gewisse Erleichterung zu verschaffen. Das war eine der ersten Gelegenheiten, in denen ich spontan anfing, "psychodynamisch" zu denken. Diese Art zu denken war eigentlich, streng genommen, nicht empirisch-wissenschaftlich. Was ich direkt wahrnehmen konnte, war ja eigentlich "nur" die hochgradige psychomotorische Erregung, die davor bestandene Verworrenheit, die Behauptung der Patientin, der Doktor sei verrückt geworden. Die Annahme des projektiven, sie entlastenden Abwehrmechanismus war ein reines hypothetisches Konstrukt. Trotzdem war ich mit Hilfe dieses Konstruktes in der Lage, die beobachtbaren Phänomene sinnvoll einzuordnen, was bei der Anwendung anderer psychiatrischer Kategorien und Modelle (die, übrigens, oft ebenfalls nicht so streng empirisch-wissenschaftlich sind) nicht ohne weiteres möglich ist. Begreift man nämlich die "verrückten", also jene der Realität nicht entsprechenden Äußerungen eines psychotischen Patienten nur als *Ausfall*erscheinungen, das heißt nur als Resultat zum Beispiel einer Wahrnehmungsstörung – die zu einer Verzerrung, zu einer falschen Erfassung der Realität führen – so kann man nicht die Frage beantworten, warum unsere Patientin gerade in dieser und nicht in einer anderen beliebigen Form die Realität verzerrt hat. Warum sie also in diesem Moment nicht eine Äußerung machte, die eine gestörte Wahrnehmung von sich selber oder den Gegenständen in ihrer Umgebung aufzeigte, sondern gerade eine "Verrücktheit" und Hilfsbedürftigkeit ihres Gegenübers wahrzunehmen glaubt und dies auch in einer dramatischen Weise zum Ausdruck bringt.

Man kann selbstverständlich behaupten, daß "zufällig" gerade diese Realitätsverzerrung in diesem Moment abgelaufen ist. Der Inhalt der dramatisierenden Äußerung der Patientin ist jedoch so spezifisch, daß ein zufälliges Auftreten höchst unwahrscheinlich wird. Man könnte sich einige hundert andere mögliche "zufällige" Äußerungen vorstellen, die man bei der mathematischen Berechnung des Wahrscheinlichkeitsgrades zu berücksichtigen hätte. Um so mehr wird man nun geneigt sein, doch die eingangs vorgeschlagene *psychodynamische* Hypothese anzunehmen: Die Patientin *projiziert* ihre Hilflosigkeit und ihre psychotische Angst auf den Arzt, *um sich zu entlasten.* In anderen, ähnlich gelagerten Fällen ist es sogar möglich, aus einem solchen Verständnis erfolgreiche therapeutische Konsequenzen zu ziehen. Wir werden in verschiedenen Kapiteln dieses Buches die Gelegenheit haben, entsprechende Beispiele näher zu betrachten.

Hier geht es aber zunächst nicht um das Erbringen von Beweisen, sondern um eine erste Annäherung an das, was wir psychodynamische Modelle nennen. Die allgemeinere, dahinterstehende Hypothese besteht in der Annahme, daß viele der beobachtbaren psychotischen (und viele der nichtpsychotischen) psychischen Störungen nicht *direkte Folgen* tatsächlicher oder hypothetisch angenommener biologischer Defekte und Schädigungen oder psychologischer *Traumatisierungen,* Mangelzustände oder aus intrapsychischen Konflikten resultierender intrapsychischer Spannungen und Belastungen sind, sondern eine *Reaktion* darauf – eine oft hochkomplizierte Reaktion, die aus einem komplexen System von Abwehr- und Kompensationsvorgängen besteht. Es geht also hier nicht so sehr um die Genese, um die Somato- oder Psychogenese, als vielmehr um die komplexe intrapsychische Dynamik, die aus dem Zusammenspiel von primärer Störung, Schädigung, Belastung etc. einerseits, sowie Bewältigungs-, Abwehr- und Kompensationsmechanismen des psychischen Organismus andererseits entsteht. Dabei könnte sich herausstellen, daß oft diese Reaktion, also diese Verarbeitung, einen großen Teil, wenn nicht den Hauptanteil des sichtbaren klinischen Bildes beziehungsweise des bewußt erlebten Leidensdruckes des Patienten ausmacht. Diese Annahme korrespondiert mit der allgemeinen (somatisch) medizinischen Feststellung, daß oft die "gutgemeinten" Reaktionen des Organismus (z.B. bei Allergien) sogar den Tod herbeiführen können.

Eine solche Betrachtungsweise zwingt zu einer Revision (oder zumindest Korrektur) vieler gängiger Klischees der alltäglichen psychiatrischen Theorie und Praxis. Beruht ein schweres katatones Bild eines zurückgezogenen und tagelang nur mit der Durchführung stereotyper Bewegungen beschäftigten Patienten in seiner Ganzheit *nur* auf einer elementaren Grundstörung, welche die Kommunikation und den Informationsaustausch unmöglich macht? Oder läßt sich dasselbe klinische Bild als eine (wenn auch extrem primitive) *Reaktion*, als ein *Anpassungsmodus* auf einer stark regredierten Organisationsstufe besser verstehen? Das folgende Beispiel läßt vermuten, daß die "Störung" nicht als Ausfallerscheinung, nicht als primäre Unfähigkeit mit der Umwelt zu kommunizieren, sondern zum großen Teil als ein zum Zwecke des Schutzes und der Abwehr modifizierter Abwehrvorgang zu verstehen ist:

Der junge katatone 22jährige Mann bot seit drei Tagen das gleiche schwere Bild. Er lag im Bett, mit unbequem angehobenem Kopf, und leckte konstant rhythmisch den Rand des Bettbezuges, wobei er monoton die beiden Worte wiederholte: "Mein Vater, mein Vater, mein Vater ..." Die Zunge war vom ständigen Lecken rissig und trocken, die Halsmuskulatur angespannt. Der Patient war nicht ansprechbar und reagierte überhaupt nicht auf Fragen. Am vierten Tag war Chefvisite. Ich stellte als Stationsarzt den Patienten vor, der Chefarzt nahm das Ganze wortlos und recht nachdenklich an, von der Schwere des Krankheitsbildes beeindruckt. Er ging dann mit mir wortlos zur Tür hinaus und sagte (wir waren vielleicht drei Meter vom Patienten entfernt) leise zu mir: "Was würde wohl ein Psychoanalytiker aus dieser Wiederholung 'Mein Vater, mein Vater' für eine psychodynamische Hypothese ableiten können!" Der Chef war ein erklärter Antipsychoanalytiker, und die Bemerkung war freilich ironisch gemeint.

Zehn Minuten nach der Chefvisite kehrte ich zum Patienten zurück und stellte zu meiner Verblüffung fest, daß er zwar in der gleichen unbequemen Haltung fortfuhr, den Bettbezug mit seiner rissig-blutigen Zunge zu lecken, daß er dabei aber nunmehr sagte: "Mein Psychoanalytiker, mein Psychoanalytiker ..." .

Nun weiß ich zwar, daß mancher erfahrene psychiatrische Kollege mich fragen würde, was ich denn dabei bemerkenswert fände. Die Echolalie (die echoartige Wiedergabe des von anderen Gesagten durch den Patienten) gehört zum Bild der Katatonie. Merkwürdig erscheint mir aber trotzdem, daß dieser angeblich in sich zurückgezogene Patient das in größerer Entfernung von ihm sehr leise ausgesprochene Wort aufschnappen konnte, und insbesondere daß er gerade dieses, und nur dieses Wort übernommen hatte, das die Vaterfigur Chef ausgesprochen hatte und nichts von dem, was ich oder die Pfleger in den Tagen davor ihm viel lauter angeboten hatten.

Als ich diese Fortsetzung der Geschichte *Hans Bürger-Prinz* (denn er war der Chef) erzählte, wurde er nachdenklich und meinte: Vielleicht sieht es in dem katatonen Patienten ganz anders aus, als wir denken. Er, *Bürger-Prinz*, habe vor einigen Tagen zu seinem Geburtstag eine Gratulationskarte bekommen, von einem Patienten, an den er sich nicht richtig erinnern konnte und den er wahrscheinlich nur kurzfristig ein- oder zweimal während einer akuten katatonen Episode gesehen hat. Der Patient schrieb ihm: Herzlichen Glückwunsch zum Geburtstag, Ihr schwer katatoner Patient!

Für empirisch orientierte Leser, die einer solchen anekdotischen Argumentation kritisch gegenüber stehen und statistisch abgesicherten Aussagen den Vorzug geben, kann ich folgendes bieten: Zwar lassen sich meist die hier zu vermutenden feinen psychodynamischen Zusammenhänge gerade in der detaillierten intensiven *Verfolgung des Einzelfalles* am besten (unter anderem unter Zuhilfenahme einer Art "Statistik des Einzelfalles") wahrscheinlich machen, dennoch gibt es bestimmte gröbere Indikatoren, die tatsächlich auch normal statistisch erfaßt werden und solche psychodynamischen Hypothesen erhärten können. So konnte ich schon 1967 bei der Untersuchung von ca. 300 akut psychotischen Patienten, bei denen insgesamt ca. 1000 psychopathologische Querschnittsbilder (während der akuten Episoden) systematisch erfaßt und verglichen wurden, zeigen, daß die diffuse psychotische Angst in dem Maße nachließ, in dem die Patienten "in der Lage waren", Wahnideen oder sogar ein paranoides System zu entwickeln. Dieser Befund unterstützt die auf einzelnen, alltäglichen Beobachtungen basierenden psychodynamischen Hypothesen, daß Wahnbildungen (wie überhaupt projektive Abwehrmechanismen) als Abwehr und Schutz gegen die schreckliche Angst vor psychischer Desintegration und Kontrollverlust mobilisiert und eingesetzt werden.

Nun könnte auf der anderen Seite ein kritischer psychiatrischer Kollege einwenden, daß dies alles für einen erfahrenen Kliniker eigentlich Selbstverständlichkeiten seien und daß die schon seit langem und differenziert dargestellte Trennung zwischen primären und sekundären Symptomen der Psychose wohl diesem Gesichtspunkt Rechnung trage. Die primäre elementare Grundstörung sei der direkte biologisch begründbare Schaden, Mangel, Ausfall. Alles andere sei Reaktion, Kompensation, mehr oder weniger gelungener Neuanpassungsversuch, und dies alles bekomme selbstverständlich eine besondere Färbung und Gestalt je nach kulturellem Hintergrund, individueller Begabung und Sozialisation des Betreffenden. Von negativen (auf dem Ausfall basierenden) und im Gegensatz dazu positiven (als Reaktion des Psychischen entstehenden) Symptomen hat ja schon *Henri Ey* gesprochen.

Meine Entgegnung: Zunächst muß man feststellen, daß dieser Versuch der Unterscheidung zwischen primärer Störung und nachfolgender Reaktion beziehungsweise Kompensation, zumal in der sehr differenzierten Form, wie *Henri Ey* sie geboten hat, sehr zu begrüßen ist, als eine erfreuliche Bewegung von einer rein deskriptiven zu einer auch psychodynamisch orientierten Psychiatrie. Allerdings scheint diese Entwicklung in den letzten Jahren, unter dem Eindruck der amerikanischen Verabsolutierung der systematischen Deskription im Rahmen des DSM (die sicher für bestimmte Forschungs- und Vergleichszwecke ihre Berechtigung hat), rückläufig zu sein. Zum zweiten bleibt die Frage offen, wo man denn die Grenze zwischen primären und sekundären Symptomen ziehen soll. Eine Betrachtungsweise, die nicht nur auf einer Bewußtseinspsychologie beruht, sondern auch unbewußte Vorgänge und dynamische Zusammenhänge berücksichtigt, und die es gewohnt ist, nur als *ultima ratio* sich auf die hypothetische Annahme eines Defekts oder Defizits zurückzuziehen, wird sicher vieles, was "primär" (oder nach *Henri Ey* "negativ") heißt, oft doch als unter den gegebenen Umständen beachtliche restitutive oder Abwehr-*Ich*-Leistung verstehen. Dies wird uns näher im Kapitel über die Kontroverse *Abwehr versus Defekt* beschäftigen. Darüber hinaus wird dort auch die Frage aufgeworfen, ob es nicht sinnvoll und produktiv wäre, nicht automatisch von der Annahme eines primären Defektes oder eines Mangels auszugehen, sondern auch von dem Postulat eines ungelösten Primärkonflikts. Ich werde dort zeigen, welche Vorteile eine solche Sichtweise auch im Hinblick auf unser psychotherapeutisches Handeln hat.

Meine intensive Beschäftigung mit der Psychodynamik (zum Teil auch Psychogenese) der sogenannten endogenen Psychosen könnte als eine unzulässige Geringschätzung und Vernachlässigung der großen Fortschritte der "biologischen" Psychiatrie in den letzten zwanzig bis dreißig Jahren mißverstanden werden. Diese Fortschritte sind weder wegzuleugnen noch in ihrer Bedeutung zu minimieren.

Vielmehr gehe ich davon aus, daß eine Integration der Ergebnisse dieser Forschungsrichtung mit den meines Erachtens ebenfalls wichtigen psychogenetischen und psychodynamischen Gegebenheiten möglich ist. Die Ergebnisse der Zwillingsforschung und Adoptivkinder-Untersuchungen, die Erkenntnisse über die Neurotransmitter und ihre Bedeutung für die Hirnfunktion (im Zusammenhang damit auch die psychopharmakologischen Forschungsergebnisse) und schließlich die in den letzten Jahren sich häufenden auch neuropathologischen Befunde bei Schizophrenen (Stirnlappenatrophien, Hippokampus-Befunde, Ventrikelerweiterungen etc.) sind nicht inkompatibel mit unseren Beobachtungen während längerer analytisch orientierter Psychotherapien, die das Studium der Mikropsychodynamik des psychotischen Prozesses sowie der psychosozialen und psychogenetischen Aspekte im Familiensystem und beim einzelnen Individuum von einem anderen Gesichtspunkt aus ermöglichen.

Welcher Art sind aber die hier zu vermutenden Zusammenhänge und Verbindungen zwischen somatischen und psychosozialen Faktoren?

a) Richtet man sein Augenmerk auf die Ergebnisse der Familienforschung oder noch mehr auf diesen Anteil der Ergebnisse der Adoptivkinder-Untersuchungen, die die Gewichtigkeit des Milieufaktors, also der erworbenen Vulnerabilität beziehungsweise der gleichsam "antipsychotischen" Wirkung bestimmter psychosozialer Konstellationen, deutlich machen, so könnte man dazu neigen, die "endogenen Psychosen" sogar als psychogene Erkrankungen zu verstehen. Gegen eine solche Auffassung sprechen jedoch eindeutig eben die genannten Befunde der biologischen Psychiatrie der letzten zwanzig bis dreißig Jahre, die nicht nur funktionell-biochemische, sondern auch sogar pathologisch-anatomische Veränderungen gesichert haben.

b) Handelt es sich also vielleicht nicht um psychogene, sondern um psychosomatische Erkrankungen? Sind die bei den Synapsen und Neurotransmittern vermuteten Störungen nur sekundäre Resultate ungünstiger psychosozialer Konstellationen, die zu Überforderung und chronischem Streß und schließlich zu faßbaren Störungen der korrespondierenden neuronalen Strukturen führen? Dagegen würden wiederum die Ergebnisse der Zwillingsforschung sowie ebenfalls der andere Teil der Befunde aus den Adoptivkinder-Untersuchungen (die eindeutig den angeborenen, erblich ursächlichen Faktor zeigen) sprechen.

c) Handelt es sich aber dann doch, wie die traditionelle Psychiatrie immer schon angenommen hat, um rein somatopsychische Erkrankungen, wobei primär defizitäre Strukturen des zentralen Nervensystems die maßgebende, zentrale Kausalität abgeben, während alle anderen Erscheinungen sekundäre Verarbeitungen dieses Mangels durch den psychophysischen Organismus sind? Gegen eine solche einseitige Auffassung sprechen aber, wie schon oben angedeutet, die zuerst erwähnten Ergebnisse der Adoptivkinder-Untersuchungen, aber auch die intensive Mikroanalyse des einzelnen Falles.

d) Mir scheint, daß der in der allgemeinen, psychoanalytisch orientierten *Psychosomatik* der letzten Jahrzehnte entwickelte Begriff der *somatopsychischen-psychosomatischen* Erkrankungen sich nicht nur für die schweren Psychosomatosen (Ulcus, Colitis ulcerosa, Asthma bronchiale etc.) sehr gut bewährt hat, sondern uns auch zu einem geeigneten integrativen Modell für die sogenannten endogenen Psychosen verhelfen könnte. Das baut auf folgender Kernarbeitshypothese auf:

Eine zunächst vorgegebene, konstitutionelle (wahrscheinlich angeborene bzw. erbliche) relativ geringfügige Störung (oder geringfügiger Mangel oder Defizit) führe unter den Bedingungen eines bestimmten Milieus, einer bestimmten psychosozialen Konstellation und insbesondere unter den Bedingungen einer in bestimmter Weise gestörten Beziehung zu den Primärbezugspersonen zur Entwicklung einer psychischen Struktur und einer Persönlichkeit, die unausweichlich mit der Entstehung intrapsychischer Konflikte und Spannungen einhergeht, die ihrerseits in einem lebenslangen Prozeß zu nunmehr sekundären, auch zusätzlichen somatischen Veränderungen, Störungen und Schädigungen führen können. Zum Beispiel eine konstitutionell vorgegebene Hypersekretion der Magenschleimhaut führe zu überdurchschnittlichem Hunger und ständigem Verlangen des Säuglings und damit zu einer gewissen Überforderung der Mutter. Bei einer entsprechend psychisch strukturierten Mutter, die mit dieser Situation nicht fertig werden kann, entstehen bestimmte Gegenreaktionen, die nicht nur den Fütterungsvorgang in der Säuglingszeit, sondern auch (durch Generalisierung des dort entstandenen Interaktionsmusters) die Gesamtentwicklung des Kindes im Hinblick auf schuldfreies, passives Bekommen und aktives Nehmen und auf die normale Abwechslung zwischen Passivität und Aktivität beeinflussen und zur Entstehung bestimmter Charakterstrukturen beitragen (z.B. starke Leistungsbezogenheit bei konstanter Verdrängung passiver Abhängigkeitswünsche). Diese können nun ihrerseits zu einer chronifizierten Übersekretion und Übersäuerung führen (Affektkorrelat): Die nicht ausgelebten Wünsche nach Geborgenheit, Fütterung etc. kommen ausschließlich im Körperlichen, das heißt in den dazu gehörigen psychophysiologischen Reaktionen zur Geltung. Diese letzteren wären die *psychosomatischen Folgen*, die zuerst genannten die *somatopsychischen*, die ja, wie das Beispiel zeigt, zunächst relativ geringfügig sein können. Kleine Ursachen, große Wirkungen.

Dieses Modell der somatopsychischen-psychosomatischen Erkrankungen könnte man nun auch bei den sogenannten endogenen Psychosen anwenden, um die sich scheinbar widersprechenden Befunde der biologischen Psychiatrie und der psychoanalytisch orientierten Psychogenetik und Psychodynamik zu integrieren.

Vielleicht ist es kein Zufall, daß in den großen Lehrbüchern der speziellen Psychosomatik für die einzelnen körperlichen Systeme, für das Kreislauf-, für das Urogenital-, für das Atmungssystem usw., oder für die Haut, entsprechende Kapitel vorgesehen sind. Meist fehlt aber ein besonderes Kapitel über die psychosomatischen Erkrankungen des zentralen Nervensystems. Diese merkwürdige Lücke ergibt sich offenbar aus der Tatsache, daß die “Psychosomatosen” des zentralen Nervensystems so wichtig und so kompliziert sind, daß eine besondere, traditionsreiche und institutionell starke Spezialwissenschaft, nämlich die Psychiatrie, sich mit ihrer Diagnostik und Therapie beschäftigt. Was man in den Psychosomatik-Lehrbüchern vergebens sucht, findet man dann in den psychiatrischen Lehrbüchern. Allerdings nicht in der Konzeptualisierung des somatopsychischen-psychosomatischen Modells, das mir das zur Zeit geeignetste für die hier angestrebte schwierige Integration erscheint, sondern meist nur rein deskriptiv.

Kurz zusammengefaßt: Die sogenannten endogenen Psychosen sind vermutlich nicht somatopsychische, sie sind nicht psychogene und nicht einfach psychosomatische, sondern eben somatopsychisch-psychosomatische Erkrankungen.

Unter den Psychoanalytikern, die sich für die Problematik der endogenen Psychosen interessieren, wird meist *Psychose gleich Schizophrenie* und *psychotisch gleich schizophren* verstanden. Die *affektiven Psychosen*, die sogenannten endogenen Depressionen, das Manisch-Depressive, die schizoaffektiven Psychosen fallen sozusagen “unter den Tisch”. Die Einengung hat bestimmte historische Gründe. Sie stellt jedoch eine unzulässige Einseitigkeit dar, nach meiner Überzeugung hat eine psychoanalytisch orientierte

Psychodynamik der affektiven Psychosen wesentliches zum Verstehen und zur Behandlung dieser Störungen zu bieten. Das Kapitel IV ist deswegen der Psychodynamik affektiver Psychosen gewidmet.

Es geht in diesem Buch nicht nur um Psychosen, sondern auch um andere relativ schwere psychische Störungen, die in den Bereich der stationären und ambulanten Psychiatrie fallen. Wenn schon im Bereich der Psychosen psychodynamisches Denken und daraus abzuleitende therapeutische Konsequenzen von Bedeutung sind, so gilt dies selbstverständlich umso mehr für die zwar nicht mehr neurotischen, aber auch *noch nicht psychotischen Störungen*, und dies sind nicht nur die Borderline-Fälle im engeren Sinne (*Kernberg*), und nicht nur ein großer Teil der psychosomatischen Störungen, sondern ein ebenfalls großer Teil der unter dem Sammelbegriff der *Persönlichkeitsstörungen* in der deskriptiven Psychiatrie zusammengefaßten Fälle.

Schon die deskriptive Erfassung, die Typologie, die Kategorisierung dieses großen Gebietes zwischen "reifen" Psychoneurosen und den eindeutigen Psychosen bietet enorme Schwierigkeiten. Man könnte denken, daß dies um so mehr für die Psychodynamik dieses großen intermediären Bereichs gelten müßte. Dies ist aber nur bedingt wahr. Ich will in einem eigenen Kapitel zeigen, daß bei Zugrundelegung eines psychodynamischen Modells, das zumindest eine dreidimensionale Diagnostik vorsieht, man sowohl flexibel als auch präzise genug sein kann, um auch auf diesem Gebiet dem einzelnen Fall gerecht zu werden und gleichzeitig einen übersichtlichen Bezugsrahmen zu schaffen. Die drei gemeinten Dimensionen sind die des *Konfliktes*, die des *Modus seiner Verarbeitung* und schließlich diejenige der *strukturellen Gegebenheiten des Ichs* (Selbst), wobei sich in der letzten Dimension die Möglichkeit ergibt, die auch hier (also nicht nur bei Psychosen) möglichen biologischen Faktoren in sinnvoller Weise in unseren Bezugsrahmen zu integrieren. Dieses dreidimensionale Modell, das ich 1981 in der Monographie über die neurotische Verarbeitung des Konfliktes dargestellt habe und das in der Lage ist, die starre und erzwungene Einordnung in typische "Neurosen" (die es in Wirklichkeit nicht gibt) zugunsten einer flexiblen psychodynamischen Diagnostik aufzugeben, kann auch bei der Erfassung dieser schwereren, nicht mehr neurotischen, aber auch noch nicht psychotischen Störungen von Nutzen sein. Schließlich erlaubt dieses Modell die Berührungspunkte, die Verwandtschaften, die Ähnlichkeiten und Unterschiede zwischen bestimmten Abwehrformationen deutlich werden zu lassen und trägt somit auch zum Verständnis des sehr häufigen, oft aus Bequemlichkeitsgründen vernachlässigten Phänomens des Symptom- oder Syndromwechsels bei. Der konkrete Mensch läßt sich in bezug auf seine sogenannte "Störung" keineswegs ein für allemal in eine diagnostische Schublade einzwängen. Er kann sich zu verschiedenen Zeiten in seinem Leben oder kurz nacheinander auf verschiedenen Ebenen verschiedener Abwehr- und Kompensationsmechanismen bedienen, und es ist auch aus therapeutischer Sicht nur nützlich, wenn wir ihn dabei in flexibler Weise begleiten können.

Im letzten Kapitel, das den Beziehungen zwischen dem intrapsychischen und dem institutionellen Zwang gewidmet ist, wird der Versuch unternommen, die psychodynamische Betrachtungsweise über das Individualpsychische und das Interpersonelle hinaus in der Analyse der Beziehung des Einzelnen mit der *Institution* anzuwenden, insbesondere auch die dabei entstehenden *psychosozialen Arrangements* zu skizzieren.

I

Psychoanalytisch orientierte Modelle für die Psychiatrie

Versuch einer Integration

Die Psychoanalyse erhebt den Anspruch, nicht nur ein therapeutisches Verfahren, sondern auch eine allgemeine Theorie psychischer Vorgänge (“normaler” und “pathologischer”) zu sein. Sie bietet somit nicht nur eine therapeutische Technik, sondern einen begrifflichen Rahmen, innerhalb dessen psychisches Geschehen in seiner intrapsychischen Dynamik erfaßt werden kann. Bei neurotischen Störungen wird eine gewisse Bedeutung der psychoanalytischen Psychodynamik meist nicht ernsthaft in Frage gestellt; ich will darüber hinaus versuchen, die Relevanz psychoanalytischer Modelle gerade dort darzustellen, wo das Gewicht der Psychodynamik am wenigsten anerkannt ist, nämlich im psychotischen Prozeß. Es wird sich zeigen, daß auch für den Fall, daß man der Somatogenese ein großes Gewicht bei der Entstehung der sogenannten “endogenen” Psychosen beimißt, wofür auch respektable Argumente vorhanden sind, sich bei fast allen psychotischen Vorgängen eine gleichsam “sinnvolle” psychodynamische Funktion aufdecken läßt. Die denkbaren Formen des Zusammenwirkens körperlich-biologischer und intrapsychischer beziehungsweise psychosozialer Faktoren werden uns später beschäftigen. Davor möchte ich mit Hilfe einiger klinischer Beispiele bestimmte Grundbegriffe aufführen, um die Psychodynamik beschreiben zu können.

Eine 25jährige hebephrene Patientin, die sich längere Zeit in relativ gutem Zustand im Ausland aufhielt, erlebte bei ihren Kurzbesuchen zu Hause in Deutschland jeweils, und zwar schon nach einigen Stunden, eigenartige Zustände. Es wurde ihr komisch zumute, sie fand sich nicht zurecht, sie konnte nicht mehr kommunizieren, sie verlor das Wissen darüber, wer sie selbst und wer die anderen seien und was sie eigentlich allesamt voneinander wollten. Sie geriet deswegen in große Angst, lief von zu Hause weg und mußte gelegentlich sogar ein paar Tage in der Psychiatrischen Klinik aufgenommen werden.

Vor einem solchen klinischen Bild mit den dargestellten Verlaufscharakteristika neigt ein psychoanalytisch orientierter Psychiater dazu, die geschilderten psychischen Vorgänge als Folge einer beginnenden Auflösung (oder als Reaktion darauf?), jedenfalls einer Gefährdung der Selbstgrenzen und der Selbstidentität zu verstehen – einer Gefährdung und einer beginnenden Auflösung, die sich aus der vermehrten Nähe zu wichtigen Personen (bei den jeweiligen Besuchen zu Hause) ergeben.

Bemerkenswert ist nun der weitere Verlauf, wie die Patientin ihn erlebt und geschildert hat. Man erfährt von ihr, daß sie während ihres letzten Besuchs bei einer Neuentwicklung des gleichen Zustandes nachts aufstand, um in der Küche sich ein Glas Milch zu holen. Plötzlich, das Glas Milch in der Hand, erkannte sie, daß die Milch vergiftet sei. Jetzt hat der psychodynamisch denkende Psychiater noch weniger Bedenken, anzunehmen, daß es der Patientin diesmal sozusagen "gelungen" war, mit Hilfe dieser eindeutigen Wahnbildung, die vorab diffuse Gefährdung ihres Selbst zu konkretisieren und insbesondere zu externalisieren, das heißt ihr subjektives Erlebnis als von außen verursacht zu empfinden. Diese Patientin konnte damit zunächst eine relative Befreiung von der akuten Angst herbeiführen und einen Teil der eingetretenen Auflösung der Selbstgrenzen rückgängig machen. Denn sie konnte sich jetzt eindeutiger abgrenzen und ihre Selbstkohärenz verbessern – dies alles allerdings auf Kosten der Realitätsprüfung.

Wir merken, daß innerhalb einer solchen Betrachtungsweise des psychotischen Geschehens die produktive Symptomatik (z.B. Wahnideen, Halluzinationen usw.) als Bestandteil einer zum Schutze des Selbst zweckmäßigen Reaktion mit kompensatorischer und Abwehrfunktion aufgefaßt wird, und nicht bloß als eine Ausfallerscheinung, etwa auf der Grundlage einer elementaren Wahrnehmungsstörung.

Nun ist eine solche Annahme in Anbetracht der wenigstens früher in der Psychiatrie herrschenden Auffassung keineswegs selbstverständlich. Viele Psychiater gehen auch heute noch davon aus, daß psychotische Vorgänge im Gegensatz zu den neurotischen *nicht* psychologisch ableitbar seien. Während auch nicht psychoanalytisch orientierte Psychiater meist annehmen, daß neurotische Ängste, Phobien, Zwänge, daß überhaupt *neurotische* Symptome und Attitüden prinzipiell "verstehbar" seien, besteht nach ihrer Meinung der Unterschied des Neurotischen zu dem Psychotischen gerade darin, daß letzteres auf keinen Fall einfühlbar sei. Im Hinblick auf die scheinbare Abstrusität und Sinnlosigkeit vieler psychotischer Symptome ist diese festverwurzelte Überzeugung auch nicht ganz unverständlich. Was uns allerdings etwas verwundern sollte, ist die Tatsache, daß hier, also im Hinblick auf die Verstehbarkeit, ein absoluter Gegensatz zwischen neurotischen und psychotischen Symptomen gesehen wird. Sind aber die Zwänge des Zwangsneurotikers weniger abstrus, sinnlos oder psychologisch unverständlich als die Wahnideen des Psychotikers? Sind denn die Phobien, die unbegründeten angstneurotischen Zustände, die hysterischen Symptombildungen so ohne weiteres und ohne eine aufdeckende Arbeit psychologisch ableitbar? Bedurfte es zur Erschließung der intrapsychischen Dynamik schon allein der neurotischen Symptome nicht der Entdeckungen *Sigmund Freuds* und eines neuen (psychoanalytischen) Denkparadigmas?

Psychosen sind zwar keineswegs in einem Kontinuum mit den Neurosen zu sehen. Sie sind nicht etwa "schwere" Neurosen, sondern sie unterscheiden sich qualitativ von ihnen, wobei ich hier nicht die Somato- oder Psychogenese meine, sondern die reine Psychodynamik als solche. Jedoch sind trotz dieses qualitativen Unterschiedes, der uns später beschäftigen wird, auch psychotische Prozesse "psychodynamisch" verstehbar – allerdings erst mit Hilfe entsprechender Theorie und Technik.

Gerade und insbesondere die Untersuchung der Mikrodynamik psychotischer Vorgänge, während langer intensiver psychotherapeutischer Behandlungen und innerhalb einer intensiven therapeutischen Beziehung, ermöglicht einen tieferen Einblick. Das Auftauchen (oder auch Verschwinden) psychotischer Syndrome im Zusammenhang mit bestimmten äußeren oder intrapsychischen Veränderungen erlaubt in seiner regelmäßigen Wiederholung (gleichsam als die Statistik des Einzelfalles) gewisse Rückschlüsse, die unter Umständen auch therapeutische Konsequenzen haben können. So werden oft nicht nur Trennungen und Verluste, sondern auch intensive Annäherungen und Liebschaften bei entsprechend strukturierten Personen von einer Verschlechterung (oder sogar einem ersten Auftreten) der psychotischen Symptomatik begleitet. Daraus ist die psychodynamische Hypothese abzuleiten, daß die hier deutlich werdende Vulnerabilität nicht allgemein gegenüber irgendwelchen Belastungen besteht, sondern sich speziell auf diejenigen bezieht, die mit emotionellen Beziehungen zusammenhängen und die die sehr wahrscheinlich schwach gebildeten Selbst- und Objektrepräsentanzen überfordern. Schon bei den hirnorganisch begründeten Psychosen, also bei den psychotischen Störungen, bei denen eindeutig feststeht, daß sie in ursächlichem Zusammenhang mit hirnorganischen, pathologisch-anatomisch faßbaren Schädigungen stehen, ist zu vermuten, daß ein großer Teil der psychotischen Symptome nicht bloß Ausfallerscheinungen, sondern biographisch, individuell mitbedingte Reaktionen und Kompensationsversuche jener Ausfälle sind. Im Alkoholdelir zum Beispiel haben die halluzinatorisch erlebten "Szenen", auch wenn sie schreckerregend sind, offensichtlich die Funktion, die diffuse, extreme Desintegrationsangst zu konkretisieren, zu binden (und damit faßbar zu machen) und insbesondere zu externalisieren, das heißt, es dem Patienten möglich zu machen, sie als von außen kommend zu erleben. Dadurch, also durch die Konkretisierung und Externalisierung, ist die Aufrechterhaltung eines Minimums an innerer Kohärenz und Integration des Intrapsychischen möglich.

Also auch dort, wo die hirnorganische Schädigung das Maßgebende für die Entstehung der Psychose ist, kommt man ohne eine differenzierte Sicht auf die Psychodynamik nicht aus, die sowohl die momentan wirksamen intrapsychischen Tendenzen als auch die Biographie berücksichtigt. Um so mehr gilt dies bei den sogenannten endogenen Psychosen, bei denen wir zwar gute Gründe haben, eine biologisch mitfundierte Vulnerabilität anzunehmen, bei denen aber die Bedeutung einer erworbenen Vulnerabilität, überhaupt Psychogenität nicht zu leugnen ist. Ich vermute, daß die häufig anzutreffende Einseitigkeit der Betrachtungsweise, wobei entweder das Somatisch-Biologische oder wiederum die Psychogenität und die erworbene Vulnerabilität in den Vordergrund gestellt werden, damit zusammenhängt, daß wir über kein geeignetes Modell verfügen, das eine Integration ermöglichen würde. In einem solchen Modell müßten sowohl die biologischen, deskriptiven und sozialpsychiatrischen Erfahrungen als auch die psychogenetischen und die psychodynamischen Erkenntnisse und therapeutischen Erfahrungen einer psychoanalytisch orientierten Psychotherapie ihren Platz finden. Dies ist ein zwar schwieriges, jedoch kein unmögliches Unterfangen. Eine der wichtigsten Voraussetzungen dafür ist die schon mehrfach erwähnte Annahme, daß das, was wir als Symptom oder Syndrom oder klinisches Bild erfassen, keineswegs und auch nicht vorwiegend eine Ausfallerscheinung, eine Störung, eine Dysfunktionalität darstellt, sondern umgekehrt einen Neuanpassungsversuch, eine Kompensation. Wenn eine psychotische Patientin in ihrem Wahn glaubt, daß alle Pkws eines bestimmten Typs in der Stadt, die bestimmte Nummernschilder tragen, zu bestimmten Zeiten, an bestimmten Orten sich treffen oder systematisch sich vermeiden, weil sie etwas bei ihr, der Patientin, bewirken oder ihr etwas signalisieren wollen, so kann man dies nicht nur als eine Störung ihrer Wahrnehmung und ihrer Realitätsprüfung definieren (was sie, formal gesehen, zweifellos ist). Das Studium der Mikrodynamik eines solchen Vorganges hat in diesem konkreten Fall folgende psychodynamische Hypothese entstehen lassen: die Patientin hat hier innere, unerträgliche Spannungen, beziehungsweise einen damit zusammenhängenden Konflikt externalisiert. Die verschiedenen Autos repräsentieren bestimmte Bezugspersonen, und die einzelnen Buchstaben und Ziffern der polizeilichen Kennzeichen sind Anfangsbuchstaben bestimmter Sätze und Wörter, die mit Liebe und Haß, mit Wünschen und Ängsten der Patientin zu tun haben.

Über diesen Weg wird es ihr möglich, den Konflikt darzustellen, zu externalisieren, weil er intrapsychisch unerträglich geworden ist. Symptome, zumal produktive Symptome, sind also Reaktionen auf Abwehr und stellen eine Kompensierung von Spannungen, Ängsten, Scham- und Schuldgefühlen, Minderwertigkeitsgefühlen und Identitätsdiffusion dar. Insbesondere sind sie Ersatz für nicht anders erlebbare oder darstellbare Qualitäten. Wir werden sehen, daß der psychotische Prozeß in einem ersten Schritt das Aufgeben, das Aufopfern, das Exkommunizieren eines Teils des Selbst darstellt und in einem zweiten Schritt aus Rekonstruktionsversuchen besteht, die das durch den ersten Schritt entstandene Vakuum (und das große Verlangen nach Lebendigkeit und nach Erleben und Kontakt) ausfüllen soll.

Die theoretischen und praktischen Konsequenzen einer solchen Betrachtungsweise sind sehr groß. Sie reichen von einer Beeinflussung der Theoriebildung bis zu ganz praktischen, therapeutischtechnischen Details, wie Indikation und Dosierung von Psychopharmaka und Art der psychotherapeutischen Intervention.

So ist zu vermuten, daß die oft verblüffende Wirkung hochpotenter Psychopharmaka bei der produktiven psychotischen Symptomatik nicht auf einer spezifischen Beeinflussung beruht – es ist ja fast abstrus, sich vorzustellen, daß chemische Substanzen spezifisch und selektiv solche hochkomplizierten Vorgänge wie Wahnbildung oder halluzinatorische Projektionen blockieren – sondern auf einer Beeinflussung, Retardierung, Einschränkung der inneren Wahrnehmung: Diese chemische und relativ selektiv einsetzende Ich-Einschränkung (analog zu der psychologischen Ich-Einschränkung, wie sie

Anna Freud bei den neurotischen Abwehrmechanismen vermutet hat) sowie eine gleichzeitige Einschränkung der emotionalen Anregbarkeit durch selektive Blockierung im limbischen System bringt eine Situationsänderung mit sich, in der nunmehr das Einsetzen der psychotischen Abwehrmechanismen *überflüssig* wird. Was also zunächst bei oberflächlicher Betrachtung nach einer direkten psychopharmakologischen Beeinflussung einzelner Symptome aussieht, könnte nur ein indirekter Effekt der Dämpfung der Wahrnehmungs- oder emotionalen Vorgänge sein, die solche Symptome (primitive Abwehrmechanismen) mobilisiert hatten.

Diese Arbeitshypothese wird unter anderem durch die Beobachtung unterstützt, daß es psychotherapeutische Interventionen gibt, die einen ähnlich "antipsychotischen" Effekt wie die Psychopharmaka haben können, hier freilich nicht, weil sie chemisch die innere Wahrnehmung und/oder die emotionale Anregbarkeit blockieren, sondern weil sie rein psychologisch den Angstpegel, beziehungsweise die subjektive "Gefährlichkeit", Widersprüchlichkeit und den Spannungsreichtum der intrapsychischen Welt der Selbst- und Objektrepräsentanzen herabsetzen und somit primitivere Mechanismen (ohne hohe Psychopharmaka-Dosierung) überflüssig machen. Ein anderer hier zu berücksichtigender Aspekt ist die Relevanz der psychodynamischen Dimension auch und sogar für die biologische Forschung, wie aus folgenden Überlegungen deutlich wird: In der Psychiatrie neigt man dazu, die "Schwere" des klinischen Bildes als ein Resultat der "Schwere" des bei den Psychosen angenommenen biologischen Faktors zu sehen. Je stärker ausgeprägt dieser letztere sei, desto schwerer müßte auch das klinische Bild ausfallen, und umgekehrt. Aufgrund dieser expliziten oder impliziten Annahme versucht man ja auch während der Suche nach diesem biologischen Faktor, Untersuchungsgruppen zu bilden, die aus eindeutigen, das heißt "schweren" klinischen Bildern bestehen, und vergleicht diese mit Kontrollgruppen, die eben gerade diese Merkmale überhaupt nicht aufweisen. Man läßt sich also von der Vorstellung leiten, daß solche Untersuchungsgruppen, die aus "schweren" Fällen bestehen, eine Homogenität in bezug auf diesen biologischen Faktor X besitzen müßten. Kann aber diese Annahme als sicher oder auch nur als wahrscheinlich gelten? Kann es nicht vielmehr sein, daß die "Schwere" des Krankheitsbildes nicht von der vorgegebenen Ausprägung des biologischen Faktors, sondern von Besonderheiten des "antwortenden" psychischen Organismus abhängig ist, der auf diesen Faktor reagiert? Es ist zum Beispiel nicht ausgeschlossen, nicht einmal unwahrscheinlich, daß leichte, periodische depressive Verstimmungen mit jahreszeitlicher Bindung, die in der alltäglichen Praxis aufgrund ihrer geringen klinischen Relevanz nie die Bezeichnung Psychose erhalten (sondern allenfalls als sogenannte vitale Verstimmungen bezeichnet werden) einen genauso ausgeprägten oder sogar stärker ausgeprägten biologischen Faktor zur Voraussetzung haben als etwa schwere Melancholien, (die mit Recht psychotisch genannt werden) und die womöglich ihre "Schwere" der Reaktionsweise einer entsprechend strukturierten Persönlichkeit verdanken (z.B. einen Typus melancholicus nach *Tellenbach*). Dies könnte zur Folge haben, daß eine Untersuchungsgruppe, die aus "leichten vitalen Verstimmungen" besteht, in biologischer Hinsicht homogener und eindeutiger "somatogen" wäre, als eine Gruppe, die aus schweren psychotischen Melancholien besteht. Diese Überlegung ist nicht rein theoretisch. Sie läßt sich durch bestimmte klinische Beobachtungen stützen. In ähnlicher Weise könnte es sein, daß die bei schweren paranoid-halluzinatorischen Bildern implizit angenommene biologische Homogenität ebenfalls nicht besteht.

Ich will noch einmal verdeutlichen, was ich hier zum Ausdruck bringen möchte: Es könnte sein, daß die Art und insbesondere die Ausprägung des klinischen Bildes (also der Grad der Regression, das Ausmaß des Einsetzens primitiver Abwehrmechanismen, wie die wahnbildenden Projektion, etc.), nicht aus dem Ausmaß, nicht aus der Ausprägung des biologischen Faktors resultiert, sondern aus einer auch unabhängig davon erworbenen strukturellen Gebrechlichkeit und Instabilität, die im Notfall die Zuflucht zu primitiven regressiven Abwehrmechanismen erzwingt. Würde diese meine Hypothese stimmen, so ist zu befürchten, daß bei vielen bisherigen statistischen Vergleichen (innerhalb der biologischen Psychiatrieforschung) biologisch *inhomogene* Untersuchungsgruppen mit "gesunden" Kontrollgruppen verglichen wurden. Wahrscheinlich sind Untersuchungsgruppen homogener (in bezug auf den biologischen Faktor), wenn sie lediglich aufgrund bestimmter typischer, *nicht-psychopathologischer Parameter*, wie Periodizität, völlige Unabhängigkeit von inneren und äußeren Auslösern etc., zusammengestellt werden, also relativ unabhängig von der "Schwere" des klinischen Bildes.

Solche Überlegungen haben noch eine weitere Konsequenz: Man müßte eigentlich die Unterscheidung zwischen Psychosen und Neurosen nicht ätiologisch vornehmen, also nicht nach dem Prinzip, somatogen gleich Psychose, psychogen gleich Neurose, sondern auf der Grundlage deskriptiver (was DSM III schon tut) und insbesondere psychodynamischer Gesichtspunkte. Ich plädiere hier keineswegs für die Annahme eines Kontinuums zwischen Neurosen und Psychosen, denn es gibt sicher eine scharfe Grenze zwischen beiden. Diese Grenze besteht aber nicht in der Alternative somatogen/psychogen, und zwar schon deswegen nicht, weil man nachweisen konnte *(Heigl-Evers, Schepank)*, daß auch bei Neurosen der konstitutionelle erbliche Faktor eine große Rolle spielt. Die Unterscheidung zwischen Neurosen und Psychosen sollte hingegen aufgrund der Art der involvierten Abwehr-, Schutz- und Kompensationsmechanismen erfolgen und der damit zusammenhängenden Ich-Beschaffenheit, der Ich-Struktur. Bei der Neurose steht der ("reife", also auf einer höheren Ebene angesiedelte) Konflikt – bei relativ guter Ich-Beschaffenheit – im Vordergrund. Die Psychose könnte man dagegen als eine "Ich-Erkrankung" bezeichnen, da die verminderte Kohäsion, die gestörten Grenzen des Selbst, die Unfähigkeit, das Selbst vom Nicht-Selbst zu unterscheiden, das Vorrangige ist und auch die entsprechenden Abwehr- und Kompensationsmechanismen nach sich zieht. Diese Aussage darf nicht dahingehend mißverstanden werden, daß bei den Psychosen Konflikte keine Rolle gespielt haben oder auch in der Gegenwart keine Rolle spielen. Im aktuellen dynamischen Geschehen verhält es sich nur so, daß die psychotischen Abwehrmechanismen das maßgebende Unterscheidungskriterium ausmachen.

Eine solche Sichtweise würde uns auch in die Lage versetzen, die scheinbare Widersprüchlichkeit unserer Beobachtungen aufzuheben und sie zu integrieren. Wir würden zum Beispiel verstehen, warum viele – auch leichte – Zyklothymien (affektive Psychosen) durch Psychotherapie unter Umständen völlig unbeeinflußbar bleiben, und warum umgekehrt manche schwere manisch-depressiven Erkrankungen psychotherapeutisch unter Umständen günstig beeinflußt werden können. Wir würden verstehen, warum viele schizophrene Patienten von einer langen Psychotherapie erheblich profitieren können, während bei anderen jede solche Bemühung vergeblich ist. Und dies würde weiter bedeuten, daß wir offen für alle therapeutischen Maßnahmen bleiben müssen. Der Psychoanalytiker wäre bereit, unter Umständen depressive Patienten, die von einer aufdeckenden Behandlung keine Besserung spüren, doch medikamentös zu behandeln, und der Psychiater wäre in der Lage, eine psychoanalytisch orientierte Psychotherapie auch bei schweren Psychosen in Erwägung zu ziehen.

Mit den psychotherapeutischen Möglichkeiten bei psychotischen Patienten werde ich mich noch in einem späteren Kapitel näher beschäftigen. In bezug auf den hier interessierenden Gesichtspunkt der Relevanz psychodynamischer Konzepte möchte ich jedoch schon folgende Bemerkungen vorausschicken:

Die psychoanalytische Standardtechnik ist für die Behandlung von relativ "reifen" neurotischen Störungen gedacht, bei denen der gut strukturierte Konflikt im Vordergrund steht. Diese Art der Behandlung setzt ein relativ kohärentes und reifes Ich voraus, sie konzentriert sich auf die Verarbeitung des unbewußten Konfliktes und der Abwehrmechanismen. Sie begünstigt absichtlich die Regression und fürchtet nicht die starke, auch emotionale Wiederbelebung dramatischer Gegensätze in der Übertragung, weil sie davon ausgeht, daß der Patient durchgehend zwischen Phantasie und Realität unterscheiden kann, und daß er jeweils am Ende der Stunde sich so weit im Griff hat, daß er über seine Ich-Funktionen verfügt und insbesondere auch in seiner Realitätsprüfung nicht gestört ist. Diese Technik fördert absichtlich die Übertragung und die Entwicklung starker emotioneller Bindungen sowie positiver und negativer Gefühle. Sie kann dies tun, weil sie davon ausgeht, daß der Patient auch auf dem Höhepunkt dieses Prozesses irgendwie den Als-Ob-Charakter des Ganzen erkennt und somit auch in seinem realen Leben die Orientierung dabei nicht verliert.

Anders bei den psychotischen Patienten, die in allen diesen Punkten sich von neurotischen unterscheiden. Aufgrund dieser Feststellung könnte man zu der Schlußfolgerung gelangen, daß die psychoanalytische Methode für die Behandlung von Psychosen ungeeignet sei. Bei der Psychose, so könnte man schlußfolgern, brauche man nicht aufzudecken, weil ja alles offen, zu offen und ungeschützt, vor einem liege. Bei ihr werde nicht zu viel, sondern zu wenig verdrängt. Hier bedürfe es keiner Förderung der Regression, weil die Erkrankung selbst in einer massiven Regression bestehe. Der Psychotiker sei nicht in der Lage, seine Wünsche zu verbalisieren, vielmehr agiere er sie aus, er könne nicht die reale von der Übertragungsbeziehung unterscheiden, er verwechsele sich selbst mit dem Therapeuten.

Wir werden in einem späteren Kapitel sehen, daß diese Einwände eine nur beschränkte Gültigkeit haben. Eine zumindest psychoanalytisch orientierte Psychotherapie bei Psychosen ist nicht nur möglich, sondern auch von großem Nutzen. Selbstverständlich sind hier bestimmte technische Veränderungen erforderlich. Man darf nicht vergessen, daß auch bei nichtpsychotischen Störungen die Standardmethode eigentlich die am seltensten angewandte ist, während die psychoanalytisch orientierte Psychotherapie quantitativ eindeutig im Vordergrund steht. Auch bei den Psychosen sind übrigens, wie auch bei anderen Störungen, nicht nur eines, sondern mehrere Settings denkbar und verwirklichbar. In einer früheren Arbeit (*Mentzos* 1988) habe ich versucht, drei solche therapeutischen Settings in der psychoanalytischen ambulanten Psychotherapie psychotischer Patienten kurz zu beschreiben. Ich halte sie alle drei für psychoanalytisch, obwohl sie sich voneinander sehr unterscheiden. Keineswegs alle Patienten müssen oder können (auch wenn wir personell dazu in der Lage wären) hochfrequent-intensiv behandelt werden.

Für die in diesem Kapitel gestellte Frage der Relevanz psychoanalytisch orientierter Modelle für die Psychiatrie sowie über die Möglichkeiten einer Methoden-Integration möchte ich zusammenfassend festhalten:

Sowohl für die diagnostische Einordnung als auch für das Verständnis der Dynamik der Psychose, sowie für die Forschungsstrategie und schließlich die Therapie ist eine Integration biologisch-psychiatrischer und psychodynamischer Gesichtspunkte nicht nur denkbar, sondern auch eine unabdingbare Notwendigkeit.

II

Konfliktmodell und psychotische Dynamik

Die Kontroverse *Defekt* versus *Konfliktabwehr*

Sigmund Freud (1924) hat das Spezifikum der Psychosen darin gesehen, daß bei ihnen – im Rahmen eines massiven regressiven Prozesses – die "Libido" von den "Objekten" (gemeint sind in erster Linie die intrapsychischen Repräsentanzen der primären Bezugspersonen) abgezogen wird, und daß dadurch diese Objekte (und damit die psychische Repräsentation der Welt insgesamt), *emotional* für den Patienten nicht mehr existent seien. In einem zweiten Schritt des psychotischen Prozesses, so *Freud* weiter, und innerhalb eines nunmehr Rekonstruktionsversuches, lasse der Psychotiker unter anderem mittels Halluzinationen, Wahnbildungen sowie anderer "Produktionen" eine "neue Welt" entstehen. Diese Formulierungen *Freud*s sind zwar schwerpunktmäßig triebdynamisch orientiert – das heißt, sie begreifen die zu erfassenden Prozesse als Verteilung von psychischen "Energien" –, lassen jedoch auch schon gewisse strukturelle und ich-psychologische Gesichtspunkte ahnen.

Freud begreift diesen Prozeß, analog zu der Situation bei den Neurosen, als die *Antwort* auf einen Konflikt. In ähnlicher Weise beschreiben auch *Arlow* und *Brenner* viel später (1964) das wesentliche Merkmal der Psychose als das Einsetzen von (primitiven) Abwehrmechanismen und verstehen alle psychotischen Erscheinungen als das Resultat solcher defensiven Vorgänge – ohne allerdings einen spezifischen intrapsychischen Konflikt zu benennen, gegen den sich diese Abwehr richten sollte.

Im Gegensatz zu dieser Konflikt-Abwehr-Auffassung steht (vertreten vorwiegend durch die ich-psychologische Richtung der Psychoanalyse) nun das Konzept der Ich-Defizienz. Nach dieser Auffassung habe man von einer konstitutionellen (oder auch im Laufe der Entwicklung erworbenen) "Ich-Schwäche" und einer Defizienz des Ichs des Schizophrenen auszugehen. Nicht die Abwehr, nicht der Konflikt, sondern der Defekt, die Ich-Schwäche sei das Maßgebende.

In den 50er Jahren und danach entwickelten insbesondere Vertreter der sogenannten Objektbeziehungstheorie ein besseres und kliniknäheres Bild dieser eben ursprünglich unpräzis beschriebenen und angenommenen "Ich-Schwäche", und zwar zu einem großen Teil auf der Basis des Konzepts der Selbst- und Objektrepräsentanzen. Es sei insbesondere eine mangelhafte Abgrenzung und eine nicht genügend kohärente Strukturierung von Selbst- und Objektrepräsentanzen, die diese Ich-Schwäche ausmache. Es geht nicht etwa allgemein (wie es früher hieß) um Ich-Funktionsstörungen schlechthin, sondern um eine Beeinträchtigung der Beziehung des Betreffenden zu sich selbst und zu seinen "Objekten". Störungen der Beziehung zu Primärobjekten beziehungsweise deren intrapsychischen Niederschläge erscheinen jetzt als das, was zu diesen defizitären Selbst- und Objektrepräsentanzen geführt hat. Diese Auffassung erreichte bei *Kernberg* einen Grad der Theoriedifferenzierung, welche bei weitem den der ursprünglichen Theorien überstieg. Dadurch wurde jetzt besser verständlich, warum die Psychotiker im besonderen Maße innerhalb ihrer Beziehungen "psychotisch" sind, während sie sonst oft ganz "normal" sich verhalten und "funktionieren" können, ja sogar gelegentlich bewundernswerte intellektuelle oder künstlerische Leistungen vollbringen.

Diese – von *Edith Jacobson* und *Margaret S. Mahler* inspirierte und durch weitere Erfahrungen und Überlegungen differenzierte – *Kernberg*sche Theorie mag als begriffliches System zur *dynamischen Beschreibung* der normalen frühkindlichen Entwicklung, aber auch der pathologischen Entwicklung, die zur Psychose prädisponiert, sehr nützlich sein. Sie ist aber weniger dazu geeignet, eine überzeugende Erklärung für die *Entstehung* dieser spezifischen Schwäche der Selbst- und Objektrepräsentanzen zu ermöglichen. Berücksichtigt man, daß die meisten psychopathologischen Phänomene Bestandteile von *Reaktionen auf* eine Schädigung und nicht diese selbst sind (s. Kap. I), so muß man die Frage nach der funktionellen Notwendigkeit dieser Reaktion, also dieser Abwehr-, Schutz- oder Kompensationsvorgänge, stellen. Welche Funktion haben sie, wozu sollen sie "gut" sein?

Es ist zu bemerken, daß schon innerhalb des Modells von *Kernberg* Elemente dieser von mir vorgeschlagenen Sichtweise enthalten sind. So impliziert zum Beispiel die *Kernberg*sche Annahme einer regressiven Wiederverschmelzung (zuvor) schwach ausgebildeter und abgegrenzter Objektrepräsentanzen indirekt auch die Annahme einer Abwehrfunktion (einer Abwehrregression). Die Frage nach der *funktionellen Notwendigkeit* einer solchen massiven Regression wird aber bei ihm nicht eindeutig gestellt. *Melanie Klein* und ihre Schüler sind in dieser Hinsicht konsequenter. Sie sprechen von einem abzuwehrenden Konflikt, und sie können einen solchen Konflikt auch eindeutig formulieren, und zwar mit Hilfe der (allerdings für mich inakzeptablen) Hypothese des Todestriebes: Es sei der vorgegebene und vorprogrammierte *primäre Aggressionskonflikt*, der unter zusätzlichen, ungünstigen Bedingungen zu erheblichen intrapsychischen Spannungen, das heißt zu einem gravierenden intrapsychischen Konflikt führe, der seinerseits solche weiterführenden Abwehrmaßnahmen erforderlich macht. Meine kritische Bemerkung in bezug auf die Art des hier angenommenen Konflikts werde ich später ausführen. Wichtiger erscheint mir, daß man hier immerhin von der Annahme eines *Konfliktes* ausgeht, einer Annahme, die nicht nur theoretische Vorteile hat (weil sie das Einsetzen der Abwehrmechanismen verständlich macht), sondern auch weil sie im Einklang mit sich in typischer Weise wiederholenden therapeutischen Erfahrungen steht.

Gerade bei Patienten, bei denen – unter dem Schutze der intensiven Beziehung zum Therapeuten – die sonst ständig wirksamen psychotischen Abwehrmechanismen sich lockern und abschwächen, wird zeitweise der immense Gegensatz zwischen symbiotischen Verschmelzungswünschen einerseits und intensivsten Distanzierungstendenzen und mörderischen Phantasien andererseits deutlich. Ich werde später ausführlicher darstellen, warum ein Psychose-Modell, welches nur auf der Annahme von Defizienzen von Ich-Funktionen oder, noch differenzierter (mit *Kernberg* und vielen anderen) nur von Defizienzen der Selbst- und Objektrepräsentanzen ausgeht, sich zwar bis zu einem gewissen Grad bei der dynamischen Beschreibung des psychotischen Geschehens als nützlich erweist, daß es aber trotzdem kein "sinnvolles" Gesamtbild abgibt. Begreift man dagegen zumindest den größeren Teil dieser sogenannten Defizienzen als eine (wenn auch regressive, primitive) *Abwehr* oder sogar als *Kompromiß* innerhalb des genannten Konflikts, so werden sonst unerklärliche Beobachtungen integrierbar. Es ist beispielsweise eine Tatsache, daß diese angeblichen "Defizienzen" mit der Zeit variieren können, also unter bestimmten ungünstigen Bedingungen verstärkt oder erstmals auftreten. Dies wird oft dahingehend gedeutet, daß hier Streß oder Überforderungssituationen zu einem Versagen defizienter Systeme führen. Bemerkenswerterweise handelt es sich dabei aber nicht um irgendwelche *unspezifischen* und beliebig austauschbaren *Stressoren*, welche das Auftreten dieser "psychotischen Störungen" begünstigen, sondern um recht *spezifische Konstellationen*. Des weiteren fällt auf, daß diese sogenannten Defizienzen oft nicht generalisiert, sondern selektiv in Erscheinung treten und, was noch viel wichtiger für unsere Frage ist, von einer *Verminderung der intrapsychischen Spannung* begleitet werden, so daß vielfach mehr an – unter bestimmten Bedingungen einsetzende – *Abwehr* beziehungsweise *Entlastungsmechanismen* und weniger an *defizitäre Funktionen* oder Mangelerscheinungen gedacht werden muß. Ich will das mit Hilfe einiger einfacher klinischer Beobachtungen illustrieren: Eine junge schizophrene Patientin gibt beim Rorschachtest im ersten Durchlauf der zehn Tafeln eine Reihe von paranoiden, ich-bezogenen, zum Teil abstrusen Deutungen, die bei der letzten Tafel in der Aussage gipfeln, sie selbst stünde in der Mitte der Tafel neben Jesus und die Tafel stelle insgesamt das Jüngste Gericht dar.

Ein unvoreingenommener Beobachter könnte zunächst annehmen, daß diese Frau aufgrund einer tatsächlich vorliegenden elementaren Wahrnehmungsstörung (d.h. also eines durchgehenden strukturellen Mangels) die Realität in dieser Weise (also grob verzerrt) wahrnehmen muß. In diesem konkreten Fall wird man jedoch gleich eines Besseren belehrt, wenn nämlich die Patientin nach Beendigung dieses ersten Durchlaufs sich dem Untersucher zuwendet und ihn fragt: "Oder möchten Sie von mir etwas anderes hören? Also, daß hier auf der ersten Tafel ein menschliches Knochenbecken, auf der zweiten Tafel zwei Bären, die tanzen, auf der dritten zwei Kellner zu sehen sind, die sich nach vorne beugen?" Das heißt, diese Patientin, die die Realität so verzerrt wahrzunehmen schien, ist gleichzeitig in der Lage, die Welt wie die Mehrheit der Menschen zu sehen und somit die üblichen banalen Rorschach-Antworten zu geben. Zum Schluß sagte sie übrigens: "Wahr ist allerdings, was ich Ihnen am Anfang gesagt habe."

Mir geht es hier nicht um den Aussagewert des Rorschachtests, der heute von einigen angezweifelt wird, sondern um diese prägnante Bestätigung des bekannten Phänomens der "doppelten Buchführung" des Schizophrenen und um seine Bedeutung für die Frage einer elementaren Wahrnehmungsstörung auf der Basis eines Defektes. Auch dann, wenn tatsächlich eine biologisch vorgegebene und/oder erworbene elementare und generalisierte Störung bei der Psychose existieren sollte, muß man unter dem Eindruck solcher Beobachtungen doch zugeben, daß das komplizierte Geschehen einer Psychose zumindest nicht allein auf jene hypothetische elementare Störung reduziert werden kann. Die Tatsache, daß diese Patientin offensichtlich (und das ist die Hauptaussage des Tests) dazu neigt, sich selbst und die Welt in dieser grob verzerrenden, psychotischen Weise zu erleben und zu sehen, beruht offenbar nicht auf dem Umstand, daß *sie nicht in der Lage wäre*, sich selbst und die Welt wie die Mehrheit der anderen Menschen zu sehen. Denn diese Fähigkeit besitzt sie offensichtlich auch. Aus Gründen, die wir noch eruieren müssen, zieht sie aber jene andere, "psychotische" Weise vor. (Hier wäre es selbstverständlich präziser, richtiger, wenn auch umständlicher, wenn wir das Wort "vorziehen", welches ein intentionales, absichtliches Wählenkönnen suggeriert, vermeiden würden – mir ging es aber hier zunächst darum, zu zeigen, daß diese, auch automatische Bevorzugung des psychotischen Weges nicht auf einer prinzipiellen, instrumentellen Unmöglichkeit der "normalen" Wahrnehmung beruht.)

Einen Schritt weiter führt uns vielleicht folgende Beobachtung:

Eine ca. 30jährige Juristin, die wegen einer akuten schizophrenen Psychose eingeliefert wurde, ist nach einigen Stunden so weit beruhigt, daß sie den Studenten im Hörsaal gezeigt werden kann. Dabei ist sie zunächst in der Lage, sehr differenziert und in einer ihrer Intelligenz und Bildung entsprechenden Weise über die kürzlich stattgefundenen Bundestagswahlen zu diskutieren. In dem Moment jedoch, als der Dozent sie fragt, wie es denn zu Hause ginge und wie sie sich mit ihrer Mutter verstünde, gerät sie innerhalb von Sekunden in ein ausgeprägtes katatoniformes Bild, macht stereotype Bewegungen, spricht nur zu sich und sehr leise und bringt in offensichtlich magischer Weise bestimmte ihrer Körperbewegungen mit der Uhrzeit und dem Zeiger der Uhr im Hörsaal in Verbindung. Kurz danach fragt der Dozent, ob sie der neuen Regierung eine gute Prognose stelle, und die Patientin ist erstaunlicherweise erneut in der Lage, sehr differenziert und rational über die momentane politische Situation zu reflektieren.

Bemerkenswert erscheint mir hier nicht nur, daß die Annahme einer durchgehenden Elementarstörung offensichtlich nicht ausreicht, sondern daß die erforderlichen zusätzlichen Annahmen (psychosoziale Bedingungen) eine besondere Spezifizität aufweisen, und zwar insofern, als sie sich regelmäßig auf die Objektbeziehungen zu Nahestehenden oder Primärobjekten beziehen. Dem entspricht auch die seit langem bekannte Tatsache, daß die Psychosen auslösenden Situationen nicht irgendwelche unspezifische Stressoren, nicht Kriegsereignisse, Hunger, Not oder Überarbeitung sind, sondern Objektverluste oder umgekehrt sich anbahnende intime Beziehungen. Solche Ereignisse stehen auffällig häufig in zeitlichem Zusammenhang mit dem Ausbruch psychotischer Episoden.[1]

Diese klinische Beobachtung legt die Annahme nahe, daß die feststellbaren psychotischen "Störungen" kein "Ausrasten", keine Dysfunktionalität überforderter (da defizienter) Ich-Funktionen sind, sondern (analog der Situation bei der neurotischen Symptombildung, wenn auch auf einem deutlich tieferen Organisationsniveau) Erscheinungsformen von primitiven Abwehrmechanismen. Berücksichtigt man nun dazu die gerade bei der (therapeutisch erzielten) Lockerung oder Abschwächung dieser Abwehrmechanismen besonders deutlich werdenden kontradiktorischen motivationellen Konstellationen (so z.B. das Nebeneinander von extremen symbiotischen bzw. fusionalen Tendenzen einerseits und ebenfalls extremen sich distanzierenden feindlichen oder sogar verächtlichen und destruktiven Tendenzen andererseits), so kann man nicht ohne weiteres die sich aufdrängende Hypothese übersehen, daß die intrapsychischen Spannungen, die diese Abwehrmechanismen mobilisiert haben, wahrscheinlich aus intrapsychischen Gegensätzen, also letztlich aus *Konflikten*, sei es auch besonderer Art, hervorgehen.

Auffälligerweise haben aber offenbar viele Autoren, die sich in ähnlicher Weise wie ich der Annahme von Konflikten als einer wichtigen Komponente der psychotischen Dynamik genähert haben, Schwierigkeiten, konkret und präzise die hier in Frage kommenden Konflikte zu benennen. Sogar ein so guter Kenner wie *John Frosch*, der in seiner Monographie über den psychotischen Prozeß (1983) die Art der hier bei den Psychosen anzutreffenden Abwehrmechanismen sowie die Art der damit zusammenhängenden Ich-Funktionsstörungen so differenziert und treffend beschreibt, ist nicht in der Lage, die Frage nach der *Art des Konfliktes* ausreichend zu beantworten – eine Frage, die er übrigens selbst am Anfang des Buches gestellt hat. Sowohl bei ihm als auch bei anderen Autoren werden aber die (primitiven) Abwehrmechanismen des Psychotikers (wie Spaltung

1 Um einem Mißverständnis vorzubeugen: Ich behaupte nicht, daß diese "auslösenden" Reize oder Situationen die Mobilisierung von nur einzelnen, diskreten Abwehrmechanismen bewirken, ohne den Zustand des Ichs im übrigen zu beeinträchtigen. In Wirklichkeit gewinnt man den Eindruck, daß ein generelles "Umschalten" auf eine andere "Wellenlänge" stattfindet (wie bei dem oben kurz geschilderten Fall). Nur daß dieses generalisierte "Umschalten" den Charakter eines funktionellen, reversiblen Einsetzens eines anderen psychischen "Gesamtzustandes" hat, und was noch wichtiger ist, daß es durch relativ spezifische psychische Konstellationen evoziert wird.

und Externalisierung, Verleugnung, projektive Identifikation usw.) sehr gut beschrieben.

Dies alles ist gut bekannt und kaum umstritten. Auch die dabei zu beobachtenden Dysfunktionalitäten (sei es als Folge dieser Abwehrmechanismen oder aus tatsächlich vorhandenen strukturellen Mängeln des Ichs), wie zum Beispiel die Unfähigkeit, das Selbst vom Nicht-Selbst zu unterscheiden, die verminderte Kohäsion des Selbst beziehungsweise die Neigung zu Desintegration, sind gut beschrieben und längst bekannt. In bezug auf die Art des Konfliktes, der bei der psychotischen Dynamik relevant sein soll, bleiben uns aber die meisten Autoren eine Antwort schuldig (mit wenigen Ausnahmen, wie *Racamier* und *Pasche*). Anstelle einer Konflikt-Definition weicht man etwa in die Richtung *Freuds* aus und übernimmt seine Annahme, daß es sich um einen Konflikt zwischen Ich und Realität handeln soll (was aber keine Antwort auf die Frage nach dem intrapsychischen Konflikt ist); oder aber die Suche nach dem Konflikt wird sozusagen vergessen und statt dessen versucht man, die "Ich-Schwäche" des Psychotikers (oder, moderner, seine Vulnerabilität) besonders detailliert zu beschreiben. Wenn wir aber tatsächlich Grund haben anzunehmen, daß ein großer Teil dieser sogenannten "Ich-Schwäche" nicht primär vorhanden, sondern das Resultat (bzw. der unvermeidliche Nachteil) von Abwehrvorgängen ist, so ist die Frage legitim, was denn hier nun eigentlich abgewehrt, was kompensiert, wovor geschützt wird.

Nun wird man mir mit Recht entgegenhalten, daß auf diese legitime Frage die Antwort nicht zwangsläufig darin bestehen muß, daß es ein Konflikt sei, der abgewehrt werde – oder daß konfliktbedingte Mängel und Defizite kompensiert werden. Denn: Wieso und warum überhaupt Konflikt? Nur um das Bedürfnis nach einer einheitlichen und den Neurosen analogen konzeptuellen Erfassung zu befriedigen? Genügen hier, bei den Psychosen, nicht die Annahmen von (angeborener oder erworbener) Vulnerabilität, von frühen Traumatisierungen, von blockierten, abgebrochenen Entwicklungslinien, von mangelhafter Bemutterung (von "Mangelerkrankung" überhaupt), um die intrapsychischen Spannungen und Dysfunktionalitäten zu erklären?

Meine Entgegnung ist schon deswegen kompliziert, weil alle eben genannten Faktoren tatsächlich mehr oder weniger in der Psychogenese und Psychodynamik des psychotischen Geschehens involviert sind. Man kann gewiß nicht die angeborene und erworbene Vulnerabilität bezweifeln, auch nicht die Bedeutung einer mangelhaften

Bemutterung oder von schweren, frühen Traumatisierungen. Ich meine jedoch, daß ein Modell, welches ausschließlich diese Komponenten berücksichtigt, nicht in der Lage ist, das Kontradiktorische, die eminent gegensätzlichen Motivationen, die Widersprüchlichkeit im Erleben und Verhalten des Psychotikers zu erfassen. Insbesondere im Rahmen und während längerer intensiver psychoanalytischer Behandlungen psychotischer Patienten und innerhalb der Übertragung ist dieses massive Aufeinanderprallen von simultanen entgegengesetzten Motivationen (z.B. Verschmelzungssehnsüchte und ungeheure Selbstverlustangst) besonders eindrucksvoll und auch in der Gegenübertragung spürbar. Wir werden im nächsten Kapitel Gelegenheit haben, weitere Beispiele solcher Gegensätzlichkeiten näher zu schildern. Das in charakteristischer Weise und am zentralen Ort *Kontradiktorische der Psychose* wird also durch Modelle, welche die Konfliktdimension vernachlässigen, nicht erfaßt. Dabei scheint diese konflikthafte Struktur der psychotischen Dynamik nicht nur vom praktischen Gesichtspunkt eminent wichtig zu sein (weil sie zu ständiger Wiederholung, Chronifizierung und Therapieresistenz durch die Blockierung neuer Erfahrungen und des Umlernens beiträgt), sondern auch theoretisch:

Viele Beobachtungen und therapeutische Erfahrungen legen nämlich den Verdacht nahe, daß der Konflikt nicht sekundär, kein Randphänomen ist, sondern womöglich schon von Anfang an einen zentralen Stellenwert hat. Es sind eben solche klinischen Beobachtungen und therapeutischen Erfahrungen bei intensiven psychoanalytischen Behandlungen, die *Melanie Klein* und ihre Schüler dazu veranlaßt haben, bei der Psychose einen zentralen, vorgegebenen (gleichsam vorprogrammierten) Konflikt anzunehmen, den sie allerdings mit Hilfe der Hypothese des Todestriebes als einen primären Aggressionskonflikt definieren. Aber immerhin, die "Kleinianer" sind, neben einigen wenigen anderen Autoren, die einzigen, welche die geschilderten intrapsychischen Gegensätze ernst nehmen und einen primären Konflikt (aus dem sie die Notwendigkeit der Abwehrmechanismen ableiten) postuliert haben.

Spätestens zu diesem Punkt möchte ich doch allerdings mit einigen Zwischenbemerkungen einem möglichen Mißverständnis vorbeugen.

a) Im Gegensatz zu den M.-Klein-Anhängern meine ich nicht, daß die Aggression und der daraus sich entwickelnde Konflikt etwas primär Gegebenes ist. Weder die psychoanalytische Erfahrung, noch die Ethologie, noch sonstige biologische Ergebnisse rechtfertigen die Aufrechterhaltung der Annahme eines primär selbstdestruktiven sogenannten "Primärmasochismus" und dann auch destruktiven Triebes (Todestrieb). Zwar enthält die psychotische Dynamik enorme Quantitäten von Aggression, diese läßt sich jedoch zwanglos erklären als Folge jener in der Beziehung zum Primärobjekt erzeugten und später intrapsychisch wirksamen Strukturen, die ständig Frustration produzieren (*Mentzos* 1985). Es handelt sich also nicht um einen Konflikt zwischen Libido und primärer Aggression.

b) Es handelt sich auch nicht um einen Konflikt, welcher mit demjenigen bei Psychoneurosen zu vergleichen wäre (der ja einen "reiferen" Konflikt, also einen Gegensatz zwischen Es und Über-Ich, darstellt).

Vielleicht ist überhaupt die Bezeichnung "Konflikt" für das, was ich im folgenden kurz skizzieren werde, ein ungeeigneter Terminus, weil er zu sehr, wenigstens innerhalb der Psychoanalyse, auf die Psychodynamik der Psychoneurosen zugeschnitten ist. Aber ich bin mangels einer besseren Bezeichnung gezwungen, ihn zu benutzen, nachdem ich erläutert habe, wie ich ihn in diesem Zusammenhang, also innerhalb der Psychodynamik der Psychose, verstehe.

Ich gehe davon aus, daß die hier gemeinten intrapsychischen Gegensätze, die hier relevanten Grundkonflikte, sich auf jene universalen Entwicklungsstufen und damit zusammenhängenden Aufgaben beziehen, welche in der psychischen Ontogenese eines jeden Menschen oft die Gestalt eines Konfliktes annehmen können. Diese in fast gesetzmäßiger Sequenz auftauchenden Aufgaben beziehungsweise Grundkonflikte stellen die zentrale Achse einer jeden normalen wie pathologischen Entwicklung dar. Der Unterschied zwischen dem Gesunden und dem Psychotiker besteht nicht darin, daß der eine solche Aufgaben und eventuell daraus entstehende Konflikte hätte bewältigen müssen, der andere aber nicht. Alle Menschen müssen diese Aufgaben erfüllen und die potentiell in ihnen enthaltenen Konflikte lösen. Die Frage ist jedoch, *wie* diese Aufgaben erfüllt und *wie* diese Konflikte bewältigt und gelöst werden.

Eine günstige Umgebung, das heißt eine ausreichend empathische Bemutterung unter Vermeidung von groben Traumatisierungen sowie das Vorhandensein einer gut funktionierenden frühen "Triangulierung" (= Relativierung der Absolutheit der Zweierbeziehung durch das Auftauchen des wichtigen Dritten, des Vaters) ermöglichen die Lösung dieser Aufgaben, wobei die konflikthaften kontradiktorischen Gegensätze sich auflösen. Dagegen kommt es unter ungünstigen Bedingungen zu Komplizierungen, die schnell die Form von starren konflikthaften Gegensätzen annehmen können.

Das hängt damit zusammen, daß die genannten Aufgaben zu einem großen Teil darin bestehen, normalerweise vorgegebene *Bipolaritäten* zu integrieren. Gemeint ist insbesondere der Gegensatz zwischen selbstbezogenen versus objektbezogenen Tendenzen. (Richtiger, aber umständlicher, müßte es heißen: zwischen den dem eigenen Selbst dienenden und den dem Objekt dienenden Tendenzen – vielleicht könnte hier das Griechische eine präzise, prägnante und elegante Alternative bieten, z.B.: autophile versus allophile Tendenzen.)

Wird dieser Prozeß der Integration durch schwere Traumatisierungen, durch Frustrationen, überhaupt durch Mangel an Befriedigung und/oder Aktivierung (oft aber auch durch Verwöhnung und Überreizung) gestört, so gelingt die dialektische Aufhebung der Gegensätze nicht. Die dadurch erzeugte unlustvolle und bedrohliche intrapsychische Spannung wird immer stärker und erzwingt, anstelle der normalen Aufhebung der Gegensätze und der Integration, eine Pseudolösung des Konfliktes. Diese kann sich entweder in einer Abwehr des Konfliktes insgesamt ausdrücken (z.B. durch Verleugnung oder Externalisierung des Konfliktes) oder auf charakteristische Weise in der einseitigen starren Bevorzugung des einen Poles der jeweils hier implizierten Bipolarität (z.B. durch den totalen narzißtischen Rückzug im Autismus unter Vernachlässigung beziehungsweise Blockierung jeder Objektbezogenheit). Die kompensatorischen, restitutiven Vorgänge beziehen sich wiederum meistens auf eine notdürftige Reparation und Kompensierung der bei solchen gravierenden Abwehrmaßnahmen resultierenden Frustrationen, Defizite, "Mangelerscheinungen". So läßt der narzißtisch sich zurückziehende Schizophrene die dadurch entstehende schreckliche und unerträgliche Leere, Angst und den durch das Alleinsein auftretenden "Objekthunger" in einem zweiten Schritt und mittels der "produktiven" Symptomatik (bestimmte Formen von Wahnbildungen und Halluzinationen) ersetzen. Er läßt eben eine kompensatorische, neue, paranoid-halluzinatorische Welt entstehen. Der totalen "Exkommunikation" des Konfliktes und somit Externalisierung und Verlust auch eines großen Teils des Selbst folgt der restitutive Versuch der Kompensation durch die sogenannte produktive psychotische Symptomatik. Wir werden im nächsten Kapitel sehen, daß tatsächlich die psychotische Symptomatik vielfach nicht nur eine reine Abwehrfunktion hat, sondern oft auch diesen Aspekt der kompromißhaften Ersatzbefriedigung enthält (diese zuletzt genannte Funktion hat *Lempa* in seiner Dissertation 1988 hervorgehoben und im Detail dargestellt).

Ich hoffe, daß durch diese Ausführungen die Notwendigkeit dieser Art der Konzeptualisierung, welche einen aus den normal vorgegebenen Bipolaritäten entstehenden Konflikt vorsieht, deutlich geworden ist. Die Frage allerdings, worin denn die hier involvierten Gegensätze genau bestehen, ist noch nicht präzise genug beantwortet worden. Die Aussage, daß es sich dabei um den Gegensatz zwischen narzißtischen und objektbezogenen Tendenzen handelt, ist zwar meines Erachtens im wesentlichen richtig, jedoch noch sehr allgemein. Darunter kann man sich verschiedene Formen möglicher Gegensatzpaare vorstellen. Hier können uns Erkenntnisse und Modelle der psychoanalytischen Entwicklungspsychologie weiterführen.

Die erste und wohl wichtigste Aufgabe in der psychischen Entwicklung, die es zu lösen gilt, ist diejenige der *Selbstkonstituierung* und der *Selbst-Objektdifferenzierung*. Diese Aufgabe kann deshalb auch als ein potentieller Konflikt definiert werden, da hier starke Tendenzen in Richtung einer Individuation mit den entgegengesetzten Tendenzen in Richtung einer Beibehaltung der (bzw. eines Zurückkehrens in die) Symbiose oder in die Fusion konkurrieren. Unter günstigen Bedingungen wird die kontradiktorische motivationale Konstellation konstruktiv gelöst. Damit ist das Kleinkind für die nächste Aufgabe sozusagen "freigestellt", die in der schwierigen Integration der positiven mit den negativen Anteilen sowohl im Selbst als auch im Weltbild besteht (in dem üblichen psychoanalytischen Jargon: Integration der "guten" und der "bösen" Selbst- und Objektanteile). Später wird die dritte Aufgabe aktuell werden, nämlich die Lösung des Gegensatzes von Autonomie und Abhängigkeit, der ebenfalls unter den Bedingungen einer günstigen Umgebung zu einer konstruktiven Lösung geführt wird und damit zur weiteren ungestörten Entwicklung beiträgt.

Für unsere Thematik wollen wir uns aber auf den ersten wichtigen Schritt, auf die erste Aufgabe konzentrieren. Ungünstige primäre Objektbeziehungen, die eine solche konstruktive Lösung der ersten Aufgabe blockieren, tragen dazu bei, daß die allmählich entstehenden Selbst- und Objektrepräsentanzen unklar, unscharf, schwach ausgeprägt sind. Diese so entstandenen "strukturellen Mängel" mit den aus ihnen resultierenden Gefahren implizieren eine Beeinträchtigung der Ich-Funktionen, welche dann in gewisser Hinsicht tatsächlich als eine Defizienz bezeichnet werden kann. Mir geht es aber hier insbesondere um die Feststellung, daß über diese so entstandene erworbene Defizienz (und resultierende Vulnerabilität) hinaus der hier implizierte Gegensatz, also der Konflikt, auch als solcher, als der aktuelle Zusammenprall von gegensätzlichen Motivationen *weiterhin* wirksam und virulent bleibt. Das heißt, diese pathologische Entwicklung darf *nicht statisch* betrachtet werden. Es geht nicht nur darum, daß aufgrund der geschilderten Vorgänge ein Defekt ein für alle mal entstanden ist.

Der Betreffende behält gleichzeitig sowohl seine Sehnsucht nach der Vereinigung mit dem Objekt als auch seine Angst, dabei sein Selbst zu verlieren. Und dieser Gegensatz wird bei jeder neuen Beziehung, auch später im Erwachsenenalter, immer von neuem aktualisiert. Dynamisch betrachtet bleibt also der Konflikt aktuell. Der zukünftige Patient hat nicht nur Angst vor einem Selbstverlust (in einer Beziehung), sondern auch Angst (im Falle einer systematischen Vermeidung von Beziehungen), mit dieser seiner defensiven "splendid isolation" jene Sehnsüchte nach Vereinigung und Verschmelzung für immer aufgegeben zu haben. Er fürchtet nicht nur die für ihn zu große Nähe, sondern auch die für ihn zu große Distanz. Nicht umsonst hat der Gießener Psychoanalytiker *Rolfs* die Behandlung von Schizophrenen als den Versuch bezeichnet, sich mit dem Patienten auf dem schmalen Grat zwischen zu großer Nähe und zu großer Distanz zu bewegen. Und nicht unverständlich war es, daß eine schizophrene Patientin bei der Stationsvisite zunächst mir gegenüber sehr freundlich und zugewandt war, urplötzlich aber aggressiv wurde und mir ins Gesicht spuckte, weil ich offensichtlich eine gewisse räumliche kritische Distanz unterschritten hatte. Die plötzliche aggressive Reaktion sorgte für die Wiederherstellung der erforderlichen Distanz.

Die primär vorgegebene Bipolarität zwischen narzißtischen und objektbezogenen Tendenzen ist evolutionstheoretisch betrachtet eine ausgesprochen sinnvolle, weil sie eine dynamische, "lebendige" Entwicklung fördert. Dieses Bipolaritäten-Prinzip ist uns aus Biologie und Psychologie gut bekannt. Man denke an die Gegensatzpaare von Passivität und Aktivität, Hetero- und Homosexualität, Agonisten und Antagonisten im Muskelsystem, Sympathikus und Parasympathikus im neurovegetativen System, und so weiter.

Tatsächlich führt auch innerhalb der Bipolarität, die uns hier beschäftigt, die normale Überwindung der Gegensätze, beziehungsweise ihre Integration, zu einer Bereicherung.

Gelungene Befriedigung objektbezogener Bedürfnisse hat unter günstigen Bedingungen auch eine narzißtische Stärkung zur Folge. Umgekehrt ist ein stabiles Selbstwertgefühl, eine stabile Autonomie eine gute Vorbedingung für eine gelungene Objektbeziehung.

Dagegen mobilisieren ungünstige Erfahrungen des Kindes wie Traumatisierungen, Ablehnungen, Verwöhnungen, Ausnutzungen zwangsläufig Reaktionen und Strategien, wie den narzißtischen Rückzug, die ihrerseits (trotz des zunächst dadurch erzielten "Nutzen") den symbiotischen Drang und den "Objekthunger" übermäßig steigern. So erklärt es sich auch, warum die Anwesenheit des Objektes angstauslösend sein kann und zu entsprechenden, auch aggressiven Gegenmaßnahmen Anlaß gibt. Die Fortführung dieser negativen Dynamik hat verheerende Folgen. Das (nicht nur externe, sondern auch intrapsychische) Objekt wird schließlich exkommuniziert, damit aber auch ein großer Teil des Selbst, der mit ihm eng verbunden war. Die dadurch entstehende Leere, das Vakuum, muß durch die produktive Symptomatik aufgefüllt werden. Letztere dient nämlich nicht nur der Externalisierung des Konfliktes, sondern gleichzeitig auch dem verzweifelten Versuch, diese Leere, die Verwüstung, rückgängig zu machen. Externalisierte Selbstanteile und hinauskatapultierte interne Objekte kommen zum Beispiel als *Stimmen* zurück. Sie können dann erst im Verlaufe einer mühsamen langjährigen Behandlung als die ursprünglich *eigenen* erkannt und wieder aufgenommen werden.

Zwischenbemerkung zur Bedeutung der Aggression

Manche Leser und insbesondere auch viele Psychoanalytiker werden die berechtigte Frage stellen, wo denn die *Aggression* in diesem skizzierten Modell bleibe. Die klinische, insbesondere auch die psychotherapeutische Erfahrung mit psychotischen Patienten zeigt doch, daß manifeste oder unterschwellige Aggressionen von extremem Ausmaß immer involviert sind.

Selbstverständlich spielen die Aggression und die damit zusammenhängenden Konflikte sowohl in der präpsychotischen Struktur als auch innerhalb des manifesten psychotischen Prozesses eine zentrale Rolle. Da ich jedoch die Aggression nicht als primär vorgegebene Triebgröße, sondern allenfalls als ein vorgegebenes Reaktionsmuster (in gewissen Hinsichten etwa mit dem Angstreaktionsmuster vergleichbar) im Dienste und mit der Funktion der Sicherung der Befriedigung narzißtischer und libidinöser Wünsche betrachte, begreife ich die mit ihr zusammenhängenden Konflikte als sekundär und sehe ich den primären Konflikt nicht als denjenigen zwischen Aggression und Libido (wie etwa *Melanie Klein*). Mir scheint es vielmehr eher berechtigt, auf den oben näher geschilderten und aus den vorgegebenen Bipolaritäten unter Umständen entstehenden Grundkonflikt hinzuweisen. Wird dieser inadäquat gelöst, werden die in den Bipolaritäten implizierten Gegensätze nicht aufgehoben, so entstehen immense Frustrationen. Dementsprechend sind auch die dadurch intrapsychisch produzierten Aggressionen immens. Unter diesen Bedingungen entstehen für das Selbst durch ein Objekt "Gefahren", die es, das Objekt, für den Psychotiker zum Feind werden lassen (*Racamier*). Das Objekt "ist feindlich, weil es existiert: für den Psychotiker besteht die Gefahr darin, vom Objekt angesogen, in das Objekt hineingesogen und völlig von ihm verschlungen zu werden. ... Weshalb ist es (das Objekt) hassenswert und wird gehaßt? Weil es geliebt wird." (Vgl. *Racamier*, S. 79).

Es handelt sich also um eine Aggression, die im Dienste des Narzißmus und der Abgrenzung vom Objekt steht. Und weil diese Aufgabe und diese Problematik im Zentrum der schizophrenen Dynamik liegt, versteht es sich von selbst, daß auch die daraus entstehenden aggressiven Konflikte ebenfalls zentral (wenn auch sekundär) sind.

Die affektiven Psychosen

Bis jetzt hat uns nur die Schizophrenie beschäftigt. Dies könnte die unter Psychiatern gängige und teilweise auch berechtigte Meinung verstärken, daß die meisten Psychoanalytiker, wenn sie von Psychosen sprechen, eigentlich nur die Schizophrenie meinen. Ich gehöre allerdings nicht zu diesen Psychoanalytikern. Ich werde im 4. Kapitel über die *affektiven Psychosen* näher begründen, warum ich auch diese Störungen als Psychosen betrachte. Hier sollen die affektiven Psychosen (Depressionen und manisch-depressive Erkrankungen) nur kurz im Hinblick auf die Frage diskutiert werden, ob auch bei ihnen das Konfliktmodell in sinnvoller Weise angewandt werden kann.

Ist es überhaupt bei psychischen Erkrankungen, wie dem Manisch-Depressiven, bei dem die Relevanz erblicher, prädisponierender beziehungsweise biologischer Faktoren so offensichtlich ist, überhaupt denkbar, von Psychodynamik zu sprechen?

Ich kann mich noch erinnern, wie ich als junger Assistenzarzt oft meinen Oberarzt hörte, der scherzhaft zu sagen pflegte, man müsse jeden Psychoanalytiker, der die Naivität besäße, von Psychodynamik der affektiven Psychosen zu sprechen, einige Stunden in einem Zimmer mit einem manischen Patienten verbringen lassen – ihm würde bestimmt die Lust am psychodynamischen Verständnis manisch-depressiver Psychosen vergehen.

Dennoch fing ich schon ziemlich früh an, anders als mein Oberarzt zu denken. Anlaß dazu ergab sich, als mir Pfleger berichteten, daß sie oft manische Patienten dabei ertappt hätten, wie sie in der Toilette – sich unbeobachtet wähnend – bitterlich weinten. Waren es biologisch begründbare plötzliche Umschwünge? Oder war die Manie womöglich nur ein antidepressiver Abwehrmechanismus?

Sicher sind die biochemischen Faktoren, die hormonellen Veränderungen, die Bedeutung von Biorhythmen und so weiter als ätiologische Faktoren bei den affektiven Psychosen viel wahrscheinlicher, sozusagen handgreiflicher als die entsprechenden Faktoren bei den Schizophrenien. Trotzdem läßt sich zeigen, daß psychodynamisches Verständnis auch bei diesen Psychosen eine unvergleichlich differenziertere Erfassung und – was noch viel wichtiger ist – eine adäquate psychotherapeutische Begleitung ermöglicht.

Betrachten wir die manifesten psychotischen Episoden, so fällt auf, daß es hier, also bei den affektiven Psychosen und im Gegensatz zu den Schizophrenien, nicht um die Ich-Grenzen geht, nicht um Identität, nicht um Kohäsion oder Desintegration, sondern um folgende wichtige Aspekte oder Dimensionen:

a) Es geht um Objektverlust und daraus entstehenden unerträglichen seelischen Schmerz. Es geht

b) um eine Beeinträchtigung des Selbstwertgefühls (um die Frage, ob man "groß" oder "klein", "stark" oder "schwach", "gut" oder "schlecht" sei) und es geht

c) um Schuldgefühle, und zwar offensichtlich im Zusammenhang mit sehr intensiven Aggressionen als Folge der im Objektverlust und/oder Selbstwerterniedrigung implizierten Frustration.

Die Depression ist meines Erachtens der (wenig erfolgreiche aber offensichtlich unter den gegebenen Umständen, ohne äußere Hilfe, einzig mögliche) regressive Versuch, die aus diesen drei Bereichen hervorgehenden intrapsychischen Spannungen auf einem anderen

Gleichgewichtsniveau abzuwehren beziehungsweise zu kompensieren. Um die hier implizierten Konflikte besser zu verstehen, empfiehlt es sich zunächst vom Allgemeinen, vom "Normalen" auszugehen. Unser Wohlbefinden und insbesondere auch das Wohlbefinden des kleinen Kindes hängt von der Nähe beziehungsweise Bindung zu einem als vertrauenswürdig und gut empfundenen "Objekt" sowie zweitens von der narzißtischen Zufuhr durch dieses ab. Unsere Selbstwerteinstellung, das heißt, ob wir uns als gut, stark, groß, anerkannt oder umgekehrt als schlecht, schwach, klein, abgelehnt sehen und erleben, hängt (zum Teil auch normalerweise) davon ab, wie andere uns sehen. In einem viel größeren Ausmaß gilt dies freilich für die Selbstwerteinstellung des kleinen Kindes. Es lebt – mit den Worten von *Kohut* – aus dem "Glanz in den Augen der es bewundernden Mutter". Es erlebt sich bei positiver empathischer Zuwendung und Begleitung als stark und wertvoll. Bei Fehlen dieser positiven empathischen Zuwendung oder in einer gar negativen, kritischen und entmutigenden Umgebung fühlt sich das Kind unsicher, schwach, schlecht.

In diesem Fall einer negativen, unempathischen Begleitung durch die Bezugspersonen, oder bei einer an Bedingungen (wie Leistung, Gehorsam, Übernahme elterlicher Wertsysteme, "Über-Ich") geknüpften Zuwendung, bleiben einem Kind mit noch vorhandenem Lebenswillen nur zwei Möglichkeiten: entweder es übernimmt die Bedingungen und Forderungen der Eltern, identifiziert sich mit dem Über-Ich der Eltern und sichert sich so ein Minimum an Akzeptanz und positiver Zuwendung, oder aber es lehnt diese Bedingungen ab, um seine Selbständigkeit zu retten, es "entscheidet sich" gleichsam für den Ungehorsam, was ja auch einen Verzicht auf positive Bestätigung von außen bedeutet. Gleichzeitig werden frühere, wenn man so will "primitivere", eigene, selbstproduzierte Bestätigungen mobilisiert (man könnte auch von einer Aktualisierung des "Größenselbst" sprechen – diesen Begriff *Kohut*s werden wir im 4. Kapitel näher betrachten).

Im ersten Fall ist das Resultat ein sehr labiles, gefährdetes und von Erfolg und äußeren Objekten abhängiges Selbstwertgefühl. Im zweiten Fall ist das Resultat ein dem Anschein nach gutes oder sogar gehobenes Selbstwertgefühl. Hinter dem äußeren Schein aber lauert ein mühsam versteckter Schmerz und die Sehnsucht nach der für immer verlorenen Liebe, und zwar nach der bedingungslosen Liebe der Mutter, auf die ja verzichtet werden mußte. Diese zweite Haltung, die zum großen Teil auf einer Verleugnung und Unterdrückung wichtiger Sehnsüchte basiert, kann freilich leicht zusammenbrechen und der Depression Platz machen.

Unter den Bedingungen eines nicht kompensierbaren Objektverlustes und/oder einer mangelhaften oder fehlenden narzißtischen Zufuhr oder sogar unter dem Eindruck einer schweren narzißtischen Kränkung entsteht eine intrapsychische Situation, die insofern als konflikthaft angesehen werden muß, weil die verständliche extreme Frustrationsaggression sich gerade gegen jenes Objekt richtet, von dem man am stärksten abhängig ist und dessen Nähe und positive Zuwendung man sich am stärksten wünscht.

Es gibt wahrscheinlich verschiedene "Lösungen" dieses Konfliktes. Die häufigste ist die depressive. Sie besteht in der Unterdrückung der Frustrationsaggression und in der vorwegnehmenden Selbstentwertung. Dies gilt allerdings vorwiegend für die klassische Melancholie, die Schulddepression. Es gibt Depressionen, bei denen es vorwiegend um die Linderung des seelischen Schmerzes geht. In solchen Fällen hat die psychomotorische Hemmung, das Sich-Zurückziehen, eine schützende Funktion ("Betäubung" durch Apathie).

Die der depressiven Lösung entgegengesetzte Reaktion ist die manische Enthemmung, das Überbordwerfen des Über-Ichs, die totale Verleugnung der Selbstwertminderung und des seelischen Schmerzes.

Was hier kurz geschildert wurde, bezieht sich auf das akute, manifeste klinische Bild. Bezeichnenderweise findet man aber auch in der präpsychotischen Phase charakterliche Konstellationen, die dem einen oder anderen Typus der Bewältigung des genannten Konfliktes entsprechen. Menschen, die auf der ersten, der depressiven Lösung beharren, werden von *Tellenbach* als "Typus melancholicus" eingeordnet und sind (bei Hinzutreten einiger anderer Bedingungen) die Kandidaten für die eventuellen späteren monopolaren Depressionen.

Menschen, die womöglich schon als Kinder auf dem zweiten Modus beharrten, werden als hypomanische Persönlichkeiten beschrieben. Sie sind oft die Kandidaten für eine eventuelle spätere manische Psychose. Und schließlich gibt es noch eine größere Anzahl von Menschen, die abwechselnd auf die eine und die andere Weise reagieren, also die abwechselnd auf diesem und auf jenem Wege versuchen, aus dem Dilemma herauszukommen. Sie sind wahrscheinlich die Kandidaten für die späteren manisch-depressiven Erkrankungen.

Die jeweils manifeste Psychose stellt entweder eine Akzentuierung der Charakteristika der geschilderten Dynamik oder aber einen Umschlag ins Gegenteil dar. Dies ist weder unlogisch noch unerwartet, denn der zugrundeliegende Konflikt ist ein gemeinsamer, und nur die beiden zur Verfügung stehenden Lösungen sind diametral entgegengesetzt.

Reicht die Unterwerfung unter das internalisierte elterliche Über-Ich nicht aus, um die dagegen wirkenden Tendenzen zu unterdrükken, so wird unter Umständen diese Art der Abwehr verstärkt, es entwickelt sich ein depressiver Wahn. Der Betroffene fühlt sich nicht nur als der schlimmste Sünder aller Zeiten, sondern greift auch auf grausame Selbstdemütigungen und Bestrafungen zurück, um das Über-Ich zu versöhnen für die sich in ihm regenden Gegentendenzen. Reicht hingegen bei der manischen Lösung des Konfliktes die einfache manische Enthemmung und Verleugnung nicht dazu aus, um intrapsychische Gegenkräfte in Schach zu halten, so entwickelt der Patient unter Umständen einen megalomanen Wahn. Um die Thematik der Anwendbarkeit des Konfliktmodells bei allen Psychoseformen abzurunden, könnte man schließlich auch folgende Hypothese formulieren:

Entsteht die "Notwendigkeit" zu einer solchen depressiven oder manischen Pseudolösung bei Menschen, die in ihrer frühesten Entwicklung nicht die Gelegenheit hatten, den ersten Grundkonflikt (also denjenigen, der mit der Lösung der Aufgabe der Selbst-Objekt-Differenzierung zusammenhängt) zu lösen, so treten zu den geschilderten Abwehrbewegungen des Depressiven und des Manischen noch zusätzliche regressive Reaktionen auf, die sich auf jenen ursprünglichen Selbst-Objekt-Differenzierungs-Konflikt beziehen. Das Ergebnis sind die schizo-affektiven Psychosen.

III

Einzelpsychotherapie bei psychotischen Störungen

Bevor ich unsere therapeutischen Bemühungen bei psychotischen Patienten darstelle, möchte ich die in den vorigen Kapiteln skizzierten Vorstellungen über die Psychodynamik (zum Teil auch Psychogenese) von Psychosen, insbesondere auch die ausführlich diskutierte Relevanz des Konfliktmodells, noch einmal kurz zusammengefaßt von einem anderen, allgemeineren Gesichtspunkt her zur Sprache bringen. Es soll nur kurz gezeigt werden, an welchem Ort die geschilderten psychodynamischen Vorgänge innerhalb eines umfassenderen, alle psychischen Störungen berücksichtigenden Rahmens anzusiedeln sind.

Etwas vereinfacht könnte man die Entstehung der meisten psychischen Störungen sich folgendermaßen vorstellen:

Zu Beginn des Vorgangs steht eine wachsende, schließlich unüberwindliche (oder subjektiv unüberwindlich erscheinende) intrapsychische Spannung, die je nach Gesamtkonstellation durch Gefühle und Affekte (gleichsam "emotionale Indikatoren") wie Schuldgefühl, Wut, seelischer Schmerz, Verzweiflung, Hoffnungslosigkeit, Scham und insbesondere Angst zum Ausdruck kommt. Man könnte auch sagen: Es besteht primär eine intrapsychische Spannung, die durch diese "emotionellen Indikatoren" differenzierter signalisiert wird.

Die geschilderte, am Anfang solcher Prozesse stehende, wachsende und dann unerträglich werdende intrapsychische Spannung resultiert entweder aus einer äußeren unzumutbaren Belastung oder häufiger aus intrapsychischen Konflikten, die aber ihrerseits meist aus solchen Traumatisierungen entstehen.

Diese wachsende intrapsychische Spannung mobilisiert nun verschiedene Abwehr-, Schutz- und Kompensationsmechanismen, die oft auch als eine *Regression* bezeichnet werden können, weil sie fast immer eine regressive Komponente enthalten. Hierzu ist vielleicht folgende kurze Zwischenbemerkung angebracht:

Die berechtigte Kritik von *Thomae* und *Kächele* an einer unreflektierten Verwendung des Begriffs der Regression sollte nicht dazu führen, daß wir auf diesen Begriff völlig verzichten. Die noch nicht integrierte kindliche psychische Organisation ist zwar selbstverständlich nicht identisch mit dem desintegrierten Zustand in der Psychose. Dennoch bestehen bestimmte Analogien, so daß mir eine angemessene und nicht auswuchernde Benutzung des Modells der Regression doch sinnvoll erscheint.

Dieses regressive Zurückziehen auf frühere Organisationsstufen entspricht in etwa auch den systemtheoretisch beeinflußten Auffassungen (zum Beispiel *Ciompi*), nach denen unter sich verändernden, zumal extremen und belastenden Bedingungen ein System gleichsam automatisch nach einem anderen Gleichgewichtszustand strebt. Die spezifizierende psychoanalytische Bezeichnung "regressiv" will nur auf die klinische Tatsache hinweisen, daß diese neuen "Gleichgewichtszustände" tatsächlich Merkmale, Charakteristika und Züge aufweisen, die an ontogenetisch frühere Organisationsstufen erinnern.

Diese regressive Bewegung in Gefahrensituationen – eigentlich ein universeller Zug, sowohl im Bereich des Biologisch-Somatischen als auch des Psychischen – geht im Falle der Psychose doch viel weiter zurück als bei der Neurose. Sie macht nicht an bestimmten Fixierungspunkten halt, sondern sie "rollt hinunter" bis zu einem Niveau, auf dem die Selbst- und die Objektrepräsentanzen sehr verwaschen, fragmentarisch und unvollständig werden.

Was ist der "Sinn" dieser regressiven Bewegung, was ist ihr Abwehr-, Schutz- und Kompensationspotential? Es ist schon theoretisch zu erwarten, daß sie nicht aufs Geratewohl abläuft. Es zeigt sich, daß sie unter den gegebenen Umständen tatsächlich einen – zwar sehr relativen, aber immerhin vorhandenen – adaptativen Wert hat. Diesen können wir am besten erkennen, wenn wir diese Regression auf der Dimension des Ichs (und nicht wie traditionell üblich auf der Dimension des Triebes) verfolgen. Das Ich gibt gleichsam vieles weg, gibt vieles zurück, von dem, was es mühsam im Laufe der Jahre sich angeeignet hat, um mit der unerträglichen intrapsychischen Spannung fertig zu werden. Der "Vorteil" dabei besteht darin, daß der hier implizierte Konflikt auf diese Weise (scheinbar) aufgehoben wird. Der damit erkaufte Nachteil besteht aber darin, daß das Ich die Kontrolle, die Aufsicht, die Verfügbarkeit über diese Funktionen oder Lebensgebiete verliert, indem es sie sozusagen verschenkt.

Das alles gilt schon für die Neurose, so zum Beispiel innerhalb des

Vorgangs der Verdrängung: Der "Vorteil" dieses Abwehrvorganges ist, daß die intrapsychische Spannung erheblich gemindert wird. Der damit unweigerlich verbundene Nachteil besteht darin, daß das Verdrängte nicht mehr dem Ich zur Verfügung steht; realistische Lösungen können so nicht erarbeitet werden.

Der qualitative Sprung von der Neurose in Richtung Psychose bei diesem regressiven Prozeß besteht nun darin, daß bei der letzteren *nicht verdrängt*, sondern *abgespalten*, ja radikal "aufgegeben" wird. *Sigmund Freud* hat zu einem früheren Zeitpunkt der Entwicklung der psychoanalytischen Theorie zwischen "Wort"- und "Sach"-Vorstellung unterschieden und er hat sehr scharfsinnig (wenn auch nur in diesen vielleicht antiquiert erscheinenden Begriffen) etwas sehr wichtiges gesehen: In der Neurose verzichtet man, so *Freud*, nur auf die *Wort*vorstellung. In der Psychose dagegen verliere man auch die *Sach*vorstellung. Das Objekt "existiere" daher dann psychisch nicht mehr, es werde als etwas für sich Abgegrenztes intrapsychisch nicht mehr repräsentiert. Heute würden wir den Schwerpunkt auf die emotionale Nicht-Repräsentation legen.

Dieser alten Unterscheidung *Freud*s folgend könnten wir uns nun vorstellen, warum dieser herbeigeführte Verlust der Sachvorstellung verheerende Folgen haben muß. Es entsteht dadurch zwar eine erhebliche Entlastung (durch diese radikale Exkommunizierung des Konfliktes). Gleichzeitig resultiert aber auch eine verheerende Leere, und was noch viel schlimmer ist: die Wünsche, die dazu gehörenden Vorstellungen, aber auch die Gegenvorstellungen (die Abwehr), entgehen der Ich-Kontrolle, sie machen sich gleichsam *selbständig*. Sie gehorchen nicht mehr dem Ich, sondern sie kommen als "Fremde von außen". Sie nehmen von ihm Besitz, sie befehlen, sie treiben es an, sie bestrafen es ("Stimmen", Befehlsautomatismen, etc.).

Diese Art der Linderung der intrapsychischen Spannungen, der scheinbaren, also der Pseudolösung des Konfliktes hat aber nicht nur ihre Schwächen. Ich möchte noch einmal auch an ihre Stärke erinnern. Denn gerade diese "Befreiung" von der Ich-Herrschaft, vom Realitätsprinzip, von der Einhaltung logischer Prinzipien beziehungsweise dieses Aufgeben (der späten Errungenschaften) des "sekundären Denkprozesses" zugunsten des "primären Denkprozesses"[1] ermöglicht Wunschvorstellungen und Kompromißlösungen, die ohne dies überhaupt nicht möglich wären.

---

1 *Freud* hat aufgrund seiner Überlegungen zu Symptombildung und seiner Analyse des Traums zwischen Primär- und Sekundärvorgang unterschieden,

Es verhält sich also ähnlich wie im Traum. Aus der bei ihm infolge des biologischen Zustandes des Schlafes entstehenden "Ich-Schwäche" erwächst die Möglichkeit von in der Realität nicht möglichen Erlebnisweisen, die oft tatsächlich als etwas Befreiendes erlebt werden. Sehnsüchte und tiefsitzende Wünsche werden ohne Berücksichtigung der Realität befriedigt, der Phantasie werden keine Grenzen gesetzt. Ich- und Über-Ich-Kontrolle werden weitgehend abgeschafft, und dabei entstehen sogar oft recht originelle, spontane und lebendige Konstellationen. In gewissem Umfange gilt dies nun auch für die Psychose und ist übrigens, glaube ich, das, was uns bei den Psychotikern trotz ihrer "Verrücktheit" so fasziniert: Die Herrschaft des primären Denkprozesses, des ungebundenen Phantasierens. Psychotiker sind aber trotzdem nicht zu beneiden, weil sie für diese "Freiheit" sehr teuer zahlen müssen.

Außerdem erleben sie die Herrschaft des primären Denkprozesses nicht als Freiheit, sondern als einen schreckliche Angst erzeugenden Kontrollverlust. Was auf einer bestimmten Dimension einen gewissen Freiheitszuwachs ergeben mag, erweist sich als ein erzwungener Zerfall in nicht kontrollierbare Automatismen, so daß insgesamt, sozusagen unter dem Strich, Freiheitsgrade verlorengehen.

Das oben geschilderte Modell erlaubt uns, wie ich meine befriedigend, auch die einzelnen Symptome in der Psychose zu verstehen, von dem paranoiden bis zum katatonen. Anstelle der verlorenen, geopferten Anteile von sich selbst und anstelle der aufgegebenen Objekte entstehen als Rekonstruktion des Selbst und der Welt (der Objekte) viele der uns als "produktive Symptomatik" bekannten Erscheinungen (*Lempa* zeigt, wie man sich dies im einzelnen vorstellen kann). Der adaptative Wert dieser "Lösung" ist, daß sie, trotz allem, eine Art zu existieren, zu leben und insbesondere die kompromißhafte Erfüllung von Wünschen ermöglicht. Das Ziel unserer Behandlung sollte sein, eine bessere als diese recht unvorteilhafte und leidvolle Möglichkeit zu eröffnen.

---

die zwei recht unterschiedlichen Typen psychischen Funktionierens entsprechen: Der Primärvorgang kennt keine logischen Gesetze und entspricht einem unaufhörlichen Gleiten, während der Sekundärvorgang "logisch", real gebunden, kontrolliert abläuft.

Das Interesse, das Engagement und die Begeisterung für eine psychotherapeutische Behandlung insbesondere schizophrener, aber auch sonstiger psychotischer Störungen unterlag im Laufe der letzten 50 Jahre erheblichen Schwankungen. Perioden der optimistischen und couragierten, manchmal fast heroischen therapeutischen Versuche wurden von Zeiten der Ermüdung und Resignation wegen der ausbleibenden positiven Resultate gefolgt. *Sigmund Freud* selbst war bekanntlich auf diesem Gebiet sehr zurückhaltend. Dennoch hat sich eine Reihe von Psychoanalytikern der zweiten und dritten Generation intensiv mit der Behandlung von psychotischen Patienten beschäftigt, allerdings im Rahmen recht unterschiedlicher Konzepte, die in einem breiten Spektrum von der einfachen stützenden Begleitung des Patienten bis hin zu der intensivsten deutenden Technik mit fünf Sitzungen in der Woche reichen. Ich kann hier weder einen historischen Überblick darüber geben, noch eine Systematik der zur Anwendung kommenden therapeutischen Techniken präsentieren.

Von dem in den vorstehenden Kapiteln geschilderten dynamischen Modell des psychotischen Geschehens ausgehend, will ich anhand bestimmter Überlegungen von *Hermann Lang* in seinem Beitrag aus dem Jahre 1981 und meiner Stellungnahme dazu den Weg vorbereiten, über eigene Erfahrungen mit psychoanalytisch orientierter Behandlung bei psychotischen Patienten zu berichten.

Welche Art von Therapie ist bei psychotischen Patienten denkbar und möglich? *Hermann Lang* hat im eben erwähnten Beitrag (Psyche 1981, S. 705ff) unter anderem gezeigt, warum *Sigmund Freud* gleichzeitig recht und unrecht hatte, als er den bekannten Satz formulierte: "Die Psychotiker zeigen keine Übertragung, und darum sind sie auch für unsere Bemühungen unzugänglich, durch uns nicht heilbar" (1917, S. 465). Zwar wissen wir heute sehr gut, daß der Schizophrene sehr wohl, ja sogar sehr intensiv überträgt. Eine Beziehung zum Therapeuten und eine "Übertragung" entsteht also auch in der Behandlung von Schizophrenen allemal. Wie kommt es aber, fragt *Hermann Lang*, daß der Psychotiker, trotz seiner Übertragungsfähigkeit, offensichtlich nicht in ähnlichem Maße wie der Neurotiker der psychoanalytischen Therapie zugänglich sei. Genetische (also die Vergangenheit betreffende) Übertragungsdeutungen fänden bei ihm keine Resonanz; für den psychotischen Patienten bleibe der Kontext der Gegenwart ohne tieferen Bezug zum Kontext der Primärsozialisation. Und dies, obwohl dieser Bezug es sei, der gerade auch das Leben des psychotischen Patienten vielfach bestimme. Der Grund dafür, so *Hermann Lang* weiter, sei, daß hier nicht eine *Verdrängung*, sondern eben eine *Abspaltung* vorliege. Die traumatisierende Primärkonstellation fände keinen Eingang in den sprachlich konstituierten Lebenszusammenhang des Objekts, sie bliebe ein Außerhalb, könne sozusagen nicht erinnert werden.

Bis hier könnte ich mich, mit gewissen Abstrichen, mehr oder weniger mit *Lang* einverstanden erklären. Nicht jedoch mit seinen Schlußfolgerungen in bezug auf die Möglichkeiten einer psychoanalytisch orientierten Therapie. Wenn ich ihn nämlich richtig verstanden habe, so zog er aus dem Geschilderten die Schlußfolgerung, daß der Therapeut sich darauf beschränken und konzentrieren sollte, dem Patienten beizubringen, wie er die (agierenden) Wiederholungen in seinem Leben besser bewältigen könne, ohne aber auf einer Aufdeckung der Zusammenhänge zu insistieren.

Die hier einzig mögliche Therapie wäre also sozusagen eine Art von Management, wie es auch *Wolfgang Loch* empfohlen hat, ein Vorgehen, das lediglich gewisse Ansatzmöglichkeiten für eine Psychotherapie ergibt, aber eigentlich auf tiefergreifende strukturelle Veränderungen bewußt verzichtet.

Dieser verständlich vorsichtige Standpunkt wurde nicht nur von *Hermann Lang* oder *Wolfgang Loch* vertreten, sondern auch von vielen anderen, vielleicht von der Mehrheit der Analytiker.

Dem gegenüber steht die Tatsache, daß viele andere Analytiker die Erfahrung gemacht haben, daß bei Psychotikern unter Umständen doch viel mehr als dieses Management zu erreichen ist. Wie ist dieser Gegensatz zu erklären?

Die von der ersten Gruppe von Psychoanalytikern wenigstens früher beklagte Unerreichbarkeit der Schizophrenen beruht meines Erachtens nicht so sehr darauf, daß die Abspaltung nicht deutbar und somit auch nicht überwindbar sei (was ja vielleicht richtig sein mag), sondern vielmehr darauf, daß man mit der in der Neurosen-Therapie entwickelten Technik nicht in der Lage war, die psychotischen Übertragungs- und Gegenübertragungskonstellationen adäquat zu erfassen und zu handhaben. Insbesondere war es nicht möglich, die dazugehörigen Gefühle und Ängste im Hier und Jetzt präzise und offen genug zu benennen. Dies beginnt sich zu ändern. Es gibt einen therapeutischen Weg auch bei den Psychosen. Nur sieht er anders als bei der Neurosen-Therapie aus. Wir beginnen heute etwas optimistischer zu werden und zu glauben, daß wir innerhalb des therapeutischen Prozesses mit Hilfe der Grundbeziehung und des empathischen Umgangs mit dem Patienten, aber auch insbesondere mit Hilfe einer mutigen Benennung des momentan Verworrenen oder Unerträglichen, dem Patienten zu einer innerseelischen Veränderung verhelfen können, die ihm ermöglicht, das "Einrasten" seiner üblichen, automatisierten Abwehrreaktionen wenigstens gelegentlich zu vermeiden und, im glücklichen Fall, andere, *neue Erfahrungen* zu machen. Dies führt wahrscheinlich dazu, daß wenigstens ansatzweise neue Strukturen, das heißt tragfähigere und ausreichend abgegrenzte Selbst- und Objektrepräsentanzen entstehen.

In dieser Behandlung geht es also nicht nur um eine bessere Einordnung des sich in der Übertragung Wiederholenden und um seine Verbindung mit dem Früheren, sondern auch um neu Erlebtes, und zwar nicht nur, weil selbstverständlich der Analytiker sich anders als das Primärobjekt verhält, sondern auch weil der Patient unter dem Schutz einer zuverlässigen, konstant tragenden Beziehung in die Lage kommt, alternative, reifere und gesündere Bewältigungsversuche zu unternehmen.

Entscheidend dabei scheint die Tatsache zu sein, daß der Therapeut den Patienten nicht nur einfühlsam begleitet, sondern vielfach auch in der Lage ist, das "Gefühlsgewirr" adäquat zu benennen. Die Frage, warum denn die "Benennung" diese therapeutische Wirkung hat, ist schwierig zu beantworten. Wahrscheinlich resultiert diese Wirkung daraus, daß die Sprache als etwas Drittes zwischen Therapeuten und Patienten sowohl eine Abgrenzung der beiden als auch eine Verbindung durch den gemeinsamen Bezugsrahmen ermöglicht und somit vom Patienten als *eine paradigmatisch geglückte Lösung*, geglückte Aufhebung *des Grundkonfliktes* erlebt wird (Abgrenzung versus Verbindung, Autonomie versus Fusion).

Was ich mit *Möglichkeit von alternativen, reiferen Bewältigungsversuchen* meine, bezieht sich zum Beispiel auf das Wagnis des Patienten, gewaltige kontradiktorische Affektstürme und sonst unerträgliche Gegensätze schrittweise durchzustehen, ohne, wie sonst üblich, psychotische Abwehrmechanismen einzusetzen. So kann man, wenigstens in bestimmten Fällen, erleben, daß ein Patient, der vorher zu große Nähe oder umgekehrt die schreckliche Einsamkeit der zu großen Distanz nur mit Hilfe grober projektiver und introjektiver Mechanismen, das heißt nur "psychotisch" bewältigen konnte, nunmehr, wenigstens vorübergehend, die dazugehörigen Affekte zulassen kann, wenn er sich auch damit oft an den Grenzen des Unerträglichen bewegt. So berichtete eine seit 10 Jahren schwer psychotische Patientin, wie schrecklich für sie der Sog zum Therapeuten, aber auch der abgründige Haß gegen ihn sein könne; oder, ein andermal, merkte sie selbst die von ihr vorgenommene Spaltung und wunderte sich darüber mit den Worten: "Heute hasse ich Sie abgründig und wundere mich gleichzeitig, wo denn dieses andere geblieben ist, als ich Sie noch vor einigen Tagen als meine mich 'wärmende Sonne' bezeichnet hatte. Wenn ich mich frage", so die Patientin weiter, "wo das geblieben ist, so bekomme ich neben meinem Haß auch Angst. Ich könnte ja die Sonne für immer verlieren".

Dazu sagte ich zu der Patientin folgendes: "Weil jetzt offenbar die Zeit gekommen ist, wo Sie auch den Haß endlich offen empfinden und erleben werden können, mußten Sie, so glaube ich, die Sonne in den Schutzkeller stecken, um sie vor der destruktiven Macht des Hasses zu schützen. Sobald der Haß weniger wird, werden Sie, so meine ich, die Sonne wieder aus dem Schutzkeller 'rausholen, um sich zu erwärmen".

Diese therapeutische Intervention ist übrigens ein kurzes Beispiel für eine therapeutische Technik, die nach Möglichkeit unter Vermeidung abstrakter Begriffe versucht, mehr anschaulich und oft mit Hilfe von Bildern (also dem regressiven Niveau des Patienten entsprechend) das Momentane zu benennen, zu beschreiben, aber auch in seiner, trotz allem noch vorhandenen Funktionalität (die Sonne soll geschützt werden!), wenn man so will: realistisch-optimistisch einzuordnen. Dieses letztere erinnert übrigens an die therapeutische Empfehlung *Benedetti*s, die er "Positivierung" nennt, also die Bemühung des Therapeuten, in allen, auch grob psychotischen Erlebens- und Verhaltensweisen des Patienten das Positive zu erkennen und zu benennen.

Der Patient ist also hier dabei, etwas Neues zu erleben: große Nähe, aber auch vorübergehende Trennung, starken symbiotischen Sog, aber auch trennenden und distanzierenden Haß, ohne aufgrund der enormen intrapsychischen Spannung auf psychotische Mittel der Bewältigung zurückzugreifen.

Diese kurze Schilderung des Geschehens beschreibt aber keineswegs alle, wahrscheinlich nicht einmal alle wesentlichen Bedingungen einer erfolgreichen therapeutischen Interaktion. Eine der wichtigsten Komponenten scheint hier die *Echtheit* der implizierten menschlichen existentiellen Begegnung zu sein, die es dem Patienten ermöglicht, – sei es auch kurzfristig, fragmentarisch – eine vertrauensvolle Beziehung zu wagen. Dies bedeutet aber nicht, daß diese Authentizität der Beziehung als solche unter Vernachlässigung aller theoretischen Überlegungen und therapeutischen Techniken *angestrebt* werden soll. Mit "Liebe" und allgemeinem menschlichem Verständnis allein kann man dem psychotischen Patienten sehr wahrscheinlich nicht helfen – unter anderem deswegen nicht, weil die hier implizierten Circuli vitiosi, kontradiktorischen Gefühlszustände und Automatismen eine solche echte, existentielle Begegnung verunmöglichen oder auf jeden Fall immer wieder stören und zerstören. Aus diesem Grund erscheint mir ein einigermaßen tragfähiges theoretisches Modell der Dynamik, das auch die Gegenübertragung, also die im Therapeuten angesichts der geschilderten komplizierten Konstellation entstehenden Gefühle, verständlich macht, eine unabdingbare Bedingung und Hilfe für den Therapeuten zu sein. So kann er wenigstens die Voraussetzungen aufrechterhalten, die eine solche Begegnung stützen und stabilisieren.

Kurz zusammengefaßt:

Eine primäre Bereitschaft des Therapeuten, dem Patienten positiv und helfend zu begegnen, vorausgesetzt, hilft ein tragfähiges theoretisches psychodynamisches Modell dem Therapeuten, die naturgemäß entstehenden Schwierigkeiten seiner Gegenübertragung zu erfassen, zu kontrollieren und sogar für ein besseres Verhältnis zum Patienten zu nutzen. Diese sich anbahnende Begegnung (die das oben erwähnte erneute vertrauensvolle Wagnis des Patienten ermöglichen soll), wird dadurch entscheidend gefördert.

Solche hochgesetzten und ehrgeizigen therapeutischen Ziele sind freilich schon aus praktischen, aber auch aus in der Sache selbst liegenden prinzipiellen Schwierigkeiten zunächst nur bei wenigen Patienten, wenn überhaupt, zu verwirklichen. Therapieplätze bei adäquat für diese Gruppe von Patienten ausgebildeten Psychoanalytikern sind sehr rar, die Behandlung dauert sehr lange, die Anziehungskraft der psychotischen Flucht bleibt lange Zeit für den Patienten sehr groß, die Bewältigung der Gegenübertragungsreaktion beim Therapeuten ist ein schwieriges Unternehmen. In der Praxis hat sich aber gezeigt, daß keineswegs alle Patienten so frequent intensiv behandelt werden müssen (auch wenn wir dazu in der Lage gewesen wären).

In meiner Erfahrung hat sich aus pragmatischen Gründen ergeben, daß zumindest drei mir typisch erscheinende therapeutische Settings denkbar und tauglich sind, die alle im Hinblick auf ihre Grundkonzeption als psychoanalytisch orientiert zu bezeichnen wären, die jedoch sehr unterschiedliche Anforderungen an Patienten und Therapeuten stellen und auch unterschiedlich anspruchsvolle therapeutische Ziele verfolgen. Bevor ich diese Settings kurz schildere, möchte ich beschreiben, was ich *nicht* unter psychoanalytischer Therapie von Psychosen verstehe.

Drei nicht empfehlenswerte therapeutische Verfahren

Ausschließen möchte ich zunächst eine zudeckend-stützende Psychotherapie alten Typs, die nur aus einer rationalen Beruhigung und Beschwichtigung des Patienten besteht, die nur an seine Vernunft, an seinen "Common sense", appelliert, und ihn zum Beispiel von der Unrichtigkeit seiner Wahnideen zu überzeugen versucht. Eine Therapie also, die vorwiegend mit "logischer" Argumentation, Persuasion, Suggestion und teilweise auch Manipulation arbeitet. Dies bedeutet keineswegs, daß wir zum Beispiel die Wahnideen des Patienten gutheißen oder sogar übernehmen, sondern daß wir sie nicht direkt und nicht nur mit logischen Argumenten angreifen. Ich meine auch nicht, daß wir diese Produktionen des Patienten vernachlässigen sollten. Der Patient erwartet von uns, daß wir uns damit beschäftigen. Es ist aber wichtig, daß wir ihm signalisieren, daß wir sie mehr in Zusammenhang mit emotionellen Schwierigkeiten von ihm sehen.

Solche rationale Beruhigung und Beschwichtigung des Patienten, eine solche stützende Therapie, die ich nicht empfehle, wird nicht nur von antipsychoanalytisch eingestellten Psychiatern, sondern auch von vielen psychoanalysefreundlichen Psychiatern oder sogar Psychoanalytikern mit dem Argument betrieben und befürwortet, daß die Abwehrmechanismen des Psychotikers nicht gelockert, nicht gelöst, sondern im Gegenteil verstärkt werden sollten.

Obwohl in dieser Argumentation etwas Richtiges enthalten ist, bin ich zu der Überzeugung gekommen, daß eine solche therapeutische Haltung dem Patienten wenig hilft, ja, daß sie in vielen Fällen in Wirklichkeit bei ihm sogar eine noch stärkere Ich-Schwäche bewirkt. Und zwar zum einen, weil er sich wie ein kleines unmündiges Kind fühlen muß, das mit guten Ratschlägen und Appellen an die Vernunft abgespeist wird. Zum zweiten wegen der paradoxen Grundstruktur der Psychodynamik des Schizophrenen, der ja seine Existenz und seine "Rettung" darin sieht, daß er gerade nicht existenzfähig wird. Gemeint ist, daß er, wie schon angedeutet, einen großen Teil seines Selbst opfert, um einen anderen verborgenen Teil zu retten. Unsere auf die Vernunft verweisenden Bemühungen empfindet er also oft so wie eine Patientin von mir, die meinte: "Sie sind wohl ein Erdagent, und Sie wollen mich wieder auf die Erde zurückholen. Ich bleibe aber lieber hier, wo ich bin".

Die zweite meines Erachtens abzulehnende Therapieform bei Psychosen ist die unmodifizierte psychoanalytische Standardtechnik. Zu oft hat man feststellen müssen, daß eine solche Behandlung zum einen kaum richtig in dieser Form durchführbar ist und zum anderen unter Umständen manchen noch nicht manifest psychotischen Patienten dekompensieren läßt. Dies letzte geschieht selten, dann allerdings nicht, weil das Aufdecken als solches und generell für den Patienten schädlich wäre, sondern weil erstens die vorliegenden ich-psychologischen Besonderheiten vernachlässigt wurden, zweitens, weil man zu stark zu den sogenannten "reiferen" Deutungen neigt, und drittens, weil das sowohl für Patient wie Therapeut oft unerträgliche Hier und Jetzt nicht genug offen und gleichzeitig empathisch benannt wird.

Eine dritte therapeutische Technik schließlich, die ich ausdrücklich ausschließen möchte, ist die unbeschränkte Gratifikation infantiler Wünsche und der Verzicht auf ein relativ festes und abstinentes therapeutisches Setting, etwa im Stil der in den 50er und 60er Jahren gestellten Forderung nach unbeschränkter "Bemutterung" durch den Therapeuten (etwas anderes ist freilich die von *Searles* angestrebte symbiotische Übertragungskonstellation, die vom Therapeuten sowohl zugelassen als auch analytisch verarbeitet wird). Wir sind heute davon überzeugt, daß Patienten nicht mit Liebe allein behandelt werden können, und auch nicht dadurch, daß man ihnen alle infantilen Wünsche befriedigt. Dies unbeschadet der Tatsache, daß der psychotische Patient selbstverständlich im Vergleich zum psychoneurotischen viel mehr konkretes "Holding" (emotional getragen werden – *Winnicott* 1965) und "Containing" nötig hat.[2]

---

2 *Bion* hat die normale Bereitschaft der Mutter, die Projektion des Säuglings aufzunehmen, als ihre "Container"-Fähigkeit beschrieben. Ich benutze den Terminus hier in einem etwas erweiterten Sinn: Der Therapeut muß bereit sein, das große, oft ungeordnete und verwirrende Material, das der Patient in die Stunde bringt, aufbewahrend aufzunehmen. Ich habe die Erfahrung gemacht, daß die Patienten dies sehr brauchen und daß sie dafür auch sehr dankbar sind.

Das erste Setting ist dadurch gekennzeichnet, daß der Patient über viele Jahre mit seltenen und kurzen Gesprächen, alle zwei bis vier Wochen 20 bis 30 Minuten, behandelt oder, besser gesagt, begleitet wird. Der Inhalt dieser Gespräche ist von relativ geringer Bedeutung. Der Patient berichtet meist über sein Befinden und das, was inzwischen stattgefunden hat. Die Interventionen des Therapeuten bestehen vornehmlich aus informatorischen Fragen oder allenfalls klärenden Zuordnungen. Unausgesprochen steht aber der Beziehungsaspekt im Zentrum des Geschehens. Meist besteht eine positiv gefärbte, leicht idealisierende Übertragung. Sehr wahrscheinlich sind es einmal Identifizierungen des Patienten mit dem Therapeuten, seiner Angstfreiheit, seiner Zuversicht und seiner Hoffnung, andererseits aber auch viele andere, primitivere, unausgesprochen bleibende Übertragungskonstellationen und Erfahrungen, die hier therapeutisch wirksam werden (unter anderem auch die Erfahrung der Konstanz des Objektes – der Patient macht ständig die Erfahrung, daß der Therapeut immer wieder und auch noch da ist, wenn der Patient ihn in der Zwischenzeit in seiner Phantasie belastet oder umgebracht hat oder irgendwie anders zu "verlieren" drohte). Darüber hinaus scheint die oben schon kurz angesprochene Authentizität und Echtheit der existentiellen Begegnung im Laufe der Jahre von fundamentaler Bedeutung zu sein.

Dieses Vorgehen unterscheidet sich zwar äußerlich kaum von der üblichen ambulanten Betreuung psychotischer Patienten durch niedergelassene Psychiater. Es enthält aber trotzdem eine gewichtige zusätzliche Komponente. Das theoretische Konzept des Behandelnden beeinflußt erheblich gewisse kritische Details der Begegnung und des Gesprächs. Das Wissen um und das Bewußtsein von der Bedeutung und Wichtigkeit dieser kurzen Gespräche lassen zum Beispiel keine Schuldgefühle beim Therapeuten aufkommen, etwa deswegen, weil er bei diesen Gesprächen nicht mehr als eben nur "Begegnung" anzubieten hatte. Der Therapeut fühlt sich deswegen auch nicht veranlaßt, unnötigerweise Medikamente zu ändern oder ähnliches. Er ist sich der Bedeutung und des Wertes des Beziehungsaspektes und der in ihm enthaltenen, wenn auch unausgesprochen bleibenden Komponenten bewußt.

Bei dem zweiten Settingtyp, Typ B, wird der Patient für drei bis vier Jahre mit einer Stunde wöchentlich behandelt. Die im Vergleich zum Typ A häufigeren und insbesondere längeren Sitzungen lassen zwangsläufig eine stärkere (und stärker ambivalente) Übertragung entstehen. Diese wird jedoch nur am Rande und vor allem nur dann angesprochen und gedeutet, wenn sie zu einem beträchtlichen Widerstand führt. Der thematische Schwerpunkt liegt mehr auf aktuellen Problemen und Konflikten und auf dem Verstehen psychosozialer Arrangements sowie typischer Wiederholungen, die zu einer Krise oder sogar psychotischer Dekompensation führen könnten.

Obwohl der psychotische Kern demnach auch hier nicht direkt angegangen wird, findet indirekt auch eine Behandlung desselben statt, und zwar durch die Grundbeziehung, welche innerhalb einer solchen längeren und relativ intensiven Therapie zwangsläufig entsteht.

Beim dritten, beim Settingtyp C, wird der Patient intensiv, mit zwei bis drei Stunden wöchentlich, mehrere Jahre lang behandelt. Selbstverständlich ist die schon beim Setting A und noch mehr beim Setting B entstehende starke therapeutische Grundbeziehung hier noch intensiver und ausgeprägter. Gleichzeitig erhöht sich aber auch abrupt das Potential und der Anteil der sogenannten *psychotischen Übertragung*, die nunmehr nicht vernachlässigt, ignoriert oder verharmlost werden darf, sondern im Gegenteil ins Zentrum unserer therapeutischen Bemühungen gestellt wird. Hier begnügt sich der Therapeut nicht damit, die rasch sich entwickelnde psychotische Beziehung und insbesondere die verschiedenen Formen der projektiven Identifikation nur indirekt, also nur durch das Erbringen des faktischen Gegenbeweises (durch die weiterhin konstante empathisch-verstehende Haltung) zu beantworten – was ja oft der Fall im zweiten und insbesondere im ersten Setting ist. Er versucht vielmehr darüber hinaus, direkt, aktiv das Hier und Jetzt zu benennen und zu deuten und dadurch eine Entwirrung des im Hinblick auf seine Beziehungen und besonders emotional verwirrten Patienten zu ermöglichen.

Ich kann mich an eine hebephrene Patientin erinnern, die jeden Blickkontakt mit mir systematisch unter anderem dadurch vermied, daß sie ihre langen Haare über das Gesicht fallen ließ und auch nur so, hinter ihren Haaren versteckt, mit mir sprach (wenn überhaupt). Erst nachdem sie öfters unbegründete Befürchtungen um mein Wohl geäußert hatte (mir könnte etwas passieren oder ich sehe blaß und schwerkrank aus und ähnliches) fand ich den Mut, eines Tages zu sagen: “Ich glaube, Sie meiden systematisch einen Blickkontakt mit mir, weil Sie Angst haben, daß etwas Schreckliches passieren würde, wenn ein solcher Kontakt zustande käme, zum Beispiel daß ich krank werde oder sogar sterben, daß Sie mich also zerstören könnten”.

Durch diese Intervention war in der nächsten Zeit tatsächlich eine viel bessere Kommunikation, auch ein Blickkontakt möglich. Es wurde deutlich, daß die Patientin sehr starke Schuldgefühle hatte und sich selbst als Verbrecherin betrachtete, weil sie gelegentlich Haßgefühle mir gegenüber spürte.

Hier bemerkt man wieder die extrem kontradiktorische emotionelle Lage des Patienten. Um die entsprechende psychodynamische Hypothese kurz zu wiederholen: Der Schizophrene ist in seiner früheren Entwicklung aufgrund bestimmter unbekannter biologischer und bestimmter zum Teil bekannter psychosozialer Bedingungen bei der Auflösung und Überwindung der Bipolarität zwischen selbst- und objektbezogenen Tendenzen gescheitert. Er ist an dieser Stelle sozusagen stehengeblieben, mit dem Resultat, daß eine Subjekt-Objekttrennung sowie eine schöpferische Lösung des immer wieder entstehenden Konfliktes zwischen diesen beiden Tendenzen nicht geleistet werden kann. Der verzweifelte Versuch des Patienten, das Unmögliche möglich zu machen, nämlich *die Distanz vom Objekt aufrechtzuhalten* und *gleichzeitig einen Kontakt zu ihm herzustellen*, zeigt sich manchmal offen im widersprüchlichen Charakter seines alltäglichen spontanen Verhaltens und zwar schon vor oder unabhängig von der Entwicklung spezifischer psychotischer Symptome. So zum Beispiel auch bei der Patientin, die ich kurz im zweiten Kapitel erwähnt habe, die während einer akuten psychotischen Episode in einer geschlossenen Abteilung behandelt wurde, und die während der psychiatrischen Visite nach meinem Arm griff und mich veranlaßte, mich auf die Bettkante zu setzten. Ihr Blick signalisierte mir Sympathie und die Bereitschaft, Kontakt aufzunehmen. Dennoch wurde ihr Blick in dem Moment, als ich zufällig ein paar Zentimeter näher zu ihr kam, plötzlich aggressiv, und sofort danach spuckte sie mir ins Gesicht.

Ich mußte mich etwas zurückziehen. Die Patientin hielt mich jedoch weiterhin an der Hand und ließ mich nicht los, so daß ich auf der Bettkante sitzen blieb. Durch dieses Verhalten signalisierte sie mir sehr wahrscheinlich, wie schmal die Zone war, in der ich bleiben müßte, um weder zu nahe noch zu weit entfernt von ihr zu sein, und somit eine sinnvolle und erträgliche Interaktion mit ihr zu ermöglichen.

Solche plötzlichen Veränderungen des Verhaltens sind bei Schizophrenen keineswegs selten. In diesem Fall wäre es freilich sehr schwierig und problematisch zu versuchen, die dahinterstehenden widersprüchlichen Gefühle der Patientin zu benennen. Anders bei

Patienten, zu denen wir einen längeren Kontakt haben und bei denen zu erwarten ist, daß unsere verbale Intervention auch verstanden wird. Ich möchte dies am Beispiel einer anderen Patientin schildern.[3]

Zehn Jahre litt die Patientin an schweren aufeinanderfolgenden psychotischen Schüben mit paranoider und halluzinatorischer Symptomatik. Sie war sehr häufig und jeweils für mehrere Wochen oder Monate in stationärer Behandlung und stand dauerhaft unter Psychopharmaka. Dies war ihr Zustand, als wir mit der Behandlung begannen. Nach mehreren Krisen, vorübergehenden Verbesserungen und erneuten Krisen, hatte sich der Zustand (nach etwa drei Jahren) deutlich gebessert. Sie konnte mit viel weniger Medikamenten auskommen und schien fast beschwerdefrei. Aber in Wirklichkeit litt sie, wie *sie* meinte, genauso stark, wenn nicht sogar stärker. Entweder befand sie sich in einem Zustand der Bedrückung und der Traurigkeit (weil sie so viele Jahre ihres Lebens verloren hätte), oder sie geriet wiederum in einen Zustand der inneren Übererregbarkeit. "Sie haben mir meine Psychose gestohlen" warf sie mir halb scherzhaft vor. In früheren Zeiten, während solcher Perioden innerer Spannung, Unruhe oder Bedrückung, hatte sie sehr rasch Wahnideen entwickelt. Sie glaubte dann zum Beispiel, daß man im Radio über sie spreche, und daß viele Ausländer, Italiener, Deutsche oder Engländer sie beobachteten oder auch verfolgten. Mit Hilfe dieser Externalisierung fand sie eine relative Ruhe, obwohl sie "überall so

3 Es ist dem Leser vielleicht aufgefallen, daß die meisten Beispiele bei den hier zur Diskussion stehenden schizophrenen Psychosen weibliche Patienten betreffen, während bei der Besprechung der depressiven Patienten im nächsten Kapitel fast ausschließlich männliche Beispiele angeführt werden. Dies hat zum Teil rein äußerliche, praktische Gründe – in meiner langen "psychiatrischen Zeit" hatte ich fast ausschließlich Frauenstationen und -abteilungen zu leiten. Zu einem anderen Teil könnten aber auch geschlechtsspezifische Übertragungskomponenten involviert sein, die damit zusammenhängen, daß der Schizophrene das Unterschiedliche, die Distanz sucht, die ihn vor der Fusion schützt, während der Depressive die zu große Nähe nicht scheut, sondern im Gegenteil zu Introjektion des Objektes neigt. Dies ist aber eine zunächst sehr unsichere und vage Hypothese, die aber vielleicht durch eine entsprechende statistische Untersuchung gestützt werden könnte (falls man die bei mir festzustellende Geschlechtsverteilung auch bei anderen Therapeuten findet). Schließlich ist aber auch nicht auszuschließen, daß korrespondierende Gegenübertragungsängste und Präferenzen eine Rolle nunmehr bei der Wahl des Patienten durch den Therapeuten spielen.

sehr aufpassen müßte". Diesen psychotischen Modus der Bearbeitung des intrapsychischen Konfliktes hätte ich ihr also sozusagen gestohlen.

Einmal berichtete sie in mehreren, aufeinanderfolgenden Sitzungen darüber, daß sie sich sehr klein und schwach fühlte, während sie mich als etwas Großes, Starkes, Gigantisches erlebte. Sie sei mir total ausgeliefert. Ich solle Erbarmen mit ihr haben. Nur in einem Traum, den sie in den letzten Tagen hatte, zeigte sich die gegenteilige Konstellation. Sie erlebte sich als groß und stark, während der Therapeut nur ein Zwerg war. Dies stellte sich aber leider nur im Traum so dar.

Die mir hier adäquat erscheinende therapeutische Intervention ist nicht die klassische Interpretation und Aufdeckung von Zusammenhängen. Es genügt zunächst die "einfache Benennung" der deutlich werdenden Wünsche und Befürchtungen oder Gegensätze in den Gefühlen des Patienten. Wir haben schon oben die Bedeutung solcher Interventionen, die sich auf eine "Benennung" des Hier und Jetzt beschränken, kurz diskutiert. Gewisse Elemente einer "regelrechten" Deutung enthalten sie insofern, als sie wenigstens indirekt sowohl den momentanen halbbewußten Konflikt, als auch insbesondere die beteiligten Abwehrmechanismen und ihre Funktion ansprechen. Das Herausstreichen der Abwehrfunktion geschieht keineswegs als Kritik am Patienten, vielmehr als Verdeutlichung der darin enthaltenen Ich-Leistung.

Dieses quantitative Überwiegen von Interventionen in Form von Benennungen schließt nicht aus, daß gelegentlich auch "genetische" (die Frühentstehung des Ganzen betreffende) Deutungen möglich werden.

Insbesondere von einem gewissen Zeitpunkt der Therapie an ist dies auch bei Psychosen möglich, zumal der Patient in späteren Phasen der Behandlung sich lebhaft daran interessiert zeigt, seinen bisherigen innerlich fragmentierten und sinnlos erscheinenden Lebenslauf als Ganzes zu verstehen, zu integrieren, beziehungsweise sinnvoll zu rekonstruieren. Das ist allerdings, wie gesagt, in fortgeschrittenen Stadien der Behandlung der Fall. In der Zwischenzeit muß man über längere Zeit auf solche rekonstruktiven oder genetischen Deutungen verzichten und sich vorwiegend auf die Benennung des Hier und Jetzt oder auch einfach auf die eher passive (aber nicht uninteressierte) Akzeptanz des Dargebotenen (vgl. oben das über das Containing Gesagte) beschränken.

Daß aber auch in einer relativen frühen Phase einer solchen

Behandlung (selten!) genetische Deutungen möglich werden, zeigt die Behandlung der eben erwähnten Patientin.

Sie hatte 1 ½ Jahre Therapie hinter sich, als sie eines Tages etwa 5 Minuten nach Beginn der Sitzung von ihrem Stuhl aufstand, zu den Fenstern meines Arbeitszimmers ging und sich vergewisserte, daß alle gut abgeriegelt waren. Dasselbe tat sie auch an der Tür. Dann wandte sie sich zu mir und sagte: "Heute können wir die Tür nicht mehr aufmachen, und wahrscheinlich müssen wir hier im Zimmer längere Zeit bleiben; wenn wir die Tür oder die Fenster aufmachen, bestünde eine akute Lebensgefahr."

Ich habe zunächst nicht verstanden, was die Patientin damit meinte, sie ging auch zunächst nicht darauf ein, sondern beschäftigte sich mit anderen Themen, wenn auch, wie üblich in diesem Abschnitt der Behandlung, recht unzusammenhängend. Gegen Ende der Sitzung kam sie jedoch auf das Thema zurück und wiederholte jetzt ängstlich, daß es sehr gefährlich wäre, die Tür aufzumachen. Erst nach weiteren Andeutungen der Patientin verstand ich endlich, daß sie in dem Wahn lebte, daß mein Zimmer die Gebärmutter einer schwangeren Frau sei und somit auch voll mit Fruchtwasser unter Druck. Sobald wir die Tür aufmachten, würde das Fruchtwasser nach außen fließen, sie mußte dann sterben.

Nun wußte ich aus der Anamnese der Patientin, daß ihre Mutter, als sie schwanger mit ihr war, viele Beschwerden wegen eines Myoms der Gebärmutter hatte. Weil die Gefahr einer Frühgeburt groß war, entschloß sich der verantwortliche Gynäkologe, sie trotz der bestehenden Schwangerschaft zu operieren. Er ging davon aus, daß die Gefahr einer Frühgeburt während der Operation kleiner zu veranschlagen wäre als bei einer abwartenden Haltung. Der operative Eingriff war erfolgreich, die Schwangerschaft konnte ausgetragen werden, die Patientin kam lebend und gesund auf die Welt. Diese dramatische Geschichte, die die Patientin öfters von ihrer Mutter gehört hatte, schien zu einem Kristallisationspunkt mehrerer Phantasien der Patientin sowie vieler ihrer widersprüchlichen Gefühle der Mutter gegenüber geworden zu sein. Denn es war ihr nicht klar, ob die Mutter, als sie der Operation zustimmte, dies tat, um sich oder um das Kind zu retten. Aber auch der Chirurg, als Mann mit einem Messer in der Hand und mit der Möglichkeit, sie direkt oder indirekt zu retten oder zu töten, hatte offensichtlich eine hohe symbolische Bedeutung erhalten. Dies alles war offenbar im Rahmen des intensiven Übertragungsprozesses wiederbelebt worden und hatte zu der psychotischen Umdeutung der Realität geführt. Ich kann nicht beurteilen, welche therapeutische Wirkung die aus diesem ganzen Material von mir in Zusammenarbeit mit der Patientin abgeleitete genetische Deutung hatte. Auf jeden Fall schien sie sie zu verstehen und zu akzeptieren.

Wenn ich hier wiederum etwas zurückhaltend in bezug auf die Einschätzung des therapeutischen Wertes solcher Deutungen bin, so geschieht dies aufgrund meiner auf verschiedenen Beobachtungen basierenden Zweifel, ob diese Interpretationen *für sich* therapeutisch wirksam werden oder ob nicht vielmehr der hier implizierte Beziehungsaspekt (im Verhältnis zwischen Therapeut und Patient) viel mehr ins Gewicht fällt.

Tatsache ist, daß die meisten Patienten in fortgeschrittenen Stadien der Behandlung ein sehr großes Bedürfnis nach einer Rekonstruktion ihres Lebenslaufs und der einzelnen Phasen ihrer Erkrankung und ihrer Therapie zeigen und durch entsprechende Deutung des Therapeuten oder auch aufgrund eigener Rekonstruktion ihr Leben insgesamt neu zu verstehen suchen.

Symptom als kompromißhafte oder Ersatzbefriedigung

An dieser Stelle möchte ich kurz eine relativ neue Einsicht erwähnen, nämlich meine These, daß die psychotische Symptombildung nicht nur einseitig als Resultat von Abwehrmaßnahmen, sondern auch als indirekte, kompromißhafte oder Ersatz-Wunscherfüllung zu verstehen ist. Symptome wären danach nicht nur Bestandteile regressiver Modi der *Abwehr*, sondern gleichzeitig auch regressive Modi der *Befriedigung*. Sie sind, genau wie die neurotischen Symptome, Kompromißbildungen, nur auf einem viel niedrigeren Niveau. Ihre Funktion könnte auch so beschrieben werden: Anstelle der verlorenen, aufgegebenen, geopferten Anteile der Selbst- und Objektwelt lassen produktive Symptome eine neue Welt entstehen, über die allerdings das verkleinerte, selbstverstümmelte Ich wenig Einfluß haben kann.

Diese Annahme wird durch eine Vielfalt von therapeutischen Erfahrungen gestützt, die für eine Abhängigkeit, ja fast "Süchtigkeit" einiger psychotischen Patienten in bezug auf ihre Symptomatik sprechen. Bei solchen Patienten wird jede Frustration, insbesondere auch das Gefühl des Alleinseins und der Leere, mit einer vermehrten Produktion solcher Symptome beantwortet, zum Beispiel mit Stimmen und Beziehungsideen. Diese Annahme wird des weiteren durch die schon erwähnte Arbeit von *Lempa* unterstützt, der die psychotischen genau wie die neurotischen Symptome als Kompromißlösungen betrachtet.

Die Nachteile solcher psychotischen "Lösungen" brauchen nicht näher erläutert zu werden. Welche tragische Formen sie annehmen können, zeigt das folgende Beispiel:

Eine ältere paraphrene Patientin hatte seit jetzt über 20 Jahren jede Nacht dasselbe Erlebnis: Ihr unbekannte, aber immer dieselben Männer besuchten und folterten sie, indem sie in ihrem Bauch wühlten, ihr Herz zum Rasen brachten und an ihrem Unterleib rissen. Die Patientin war tatsächlich in den ersten zwei Jahrzehnten ihres Lebens von ihrer offensichtlich grob pathologischen Mutter in gewissem Sinne gefoltert worden. In den nächsten 15 Jahren wurde sie von ihrem Mann, einem Alkoholiker, massiv ausgenutzt und ebenfalls körperlich mißhandelt. Bald nach der endlich erreichten Scheidung entwickelte die Frau eine Psychose und wurde in einer psychotischen Phantasiewelt weitere 20 Jahre gefoltert, diesmal durch jene Männer, die sie jede Nacht besuchten. Verfolgung und Qual waren offensichtlich der einzige mögliche Weg, Kontakt herzustellen.

Dies war selbstverständlich ein extremer Fall. Das Prinzip läßt sich aber im Grunde fast bei jedem Verfolgungswahn zeigen. Es geht nicht nur darum, daß eigene Aggressionen auf den Verfolger projiziert werden, so die klassische psychoanalytische Auffassung. Es geht nicht nur um diese Abwehrfunktion, denn gleichzeitig wird bei dieser Symptombildung eine Beziehung, ein Kontakt zum Verfolger hergestellt. Ein Kontakt und eine Beziehung, die unter den gegebenen Bedingungen (zu den jeweiligen Zeitpunkten) offenbar die einzig mögliche ist. Diese Art der Beziehung bietet gewisse strukturelle Analogien zu den neurotischen sadomasochistischen Konstellationen. Sie bringt eine ähnliche Abwehr und eine ähnliche Gratifikation mit sich, spielt sich jedoch auf einem psychotischen Niveau ab.

Die Idee, den Verfolgungswahn in dieser Art zu begreifen, ist übrigens nicht so neu. Schon *Sigmund Freud* hat versucht, die Wahnideen im Falle Schreber als den Versuch einer Rekonstruktion der Beziehung zum Objekt darzustellen. Wir können zwar heute *Freud* nicht folgen, wenn er der Homosexualität eine so große und spezifische Bedeutung in der Psychodynamik des Wahns beimißt, denn wir wissen, daß die Attraktion nicht nur des homosexuellen Objekts, sondern diejenige jedes Objekts für das Selbst gefährlich sein kann und somit psychotische Mechanismen mobilisieren kann. Dennoch war es *Freud* im Grunde klar, daß das zentrale, das primäre Problem des Psychotischen nicht die Aggression, sondern die starke

Attraktion des Objektes und die daraus entstehenden Gefahren für das Selbst sind. Die Beziehung zum Verfolger zeichnet sich dadurch aus, daß die Verfolgung trotz der bestehenden intensiven Beziehung die notwendige Distanz schafft.

Ich kann in diesem Rahmen nicht näher auf andere Besonderheiten der Behandlung nach diesem Setting C eingehen. Ich möchte nur kurz erwähnen, daß einige Therapeuten, wie zum Beispiel *Searles*, den Schwerpunkt auf die Entwicklung einer symbiotischen Beziehung legen, die es eine längere Zeit durchzuhalten gilt. Andere, wie *Rosenfeld*, fokussieren auf die systematische Deutung des Hier und Jetzt, beziehungsweise der Übertragung. Ich möchte mein und meiner Mitarbeiter Vorgehen etwa in der Mitte zwischen diesen beiden therapeutischen Haltungen und Techniken ansiedeln.

Noch kurz zu der praktischen Frage, wann welches Setting angewandt wird:

Eine empirisch-wissenschaftlich geprüfte Aussage dazu existiert zur Zeit noch nicht. Es sind meist rein praktische Gesichtspunkte, die zu dem einen oder anderen Setting führen. Bei relativ leichten Psychosen mit nur seltenen psychotischen Episoden geht man das Risiko einer intensiven frequenten Behandlung nicht ein, man will sich aber auch nicht mit nur kurzen und seltenen Sitzungen (Typ A) begnügen, zumal die Patienten zu einer intensiven Auseinandersetzung mit ihren Problemen in der Lage sind und sich dies auch wünschen.

Bei schweren Fällen mit mehreren psychotischen Episoden oder dauerhafter produktiver psychotischer Symptomatik entscheiden rein praktische Faktoren (Verfügbarkeit eines Therapieplatzes, Motivation des Patienten, zur Verfügung stehende Zeit, sozioökonomische Bedingungen etc.). Es ist zu hoffen, daß wir mit zunehmender Erfahrung in der Lage sein werden, andere, tiefergehende, *positive Indikationen* für das eine oder andere Setting zu stellen. Schon jetzt ist aber die erstaunliche Feststellung möglich, daß einige Patienten auch vom einfachen und wenig anspruchsvollen Setting A sehr gut profitieren, während sie für das Setting C überhaupt nicht motiviert und vielleicht auch nicht "geeignet" sind.

Zur Medikation mit Psychopharmaka läßt sich feststellen: Die Notwendigkeit einer die Psychotherapie begleitenden gleichzeitigen medikamentösen Behandlung besteht zwar in den meisten Fällen weiterhin (nicht in allen!). Es darf jedoch schon heute als gesichert gelten, daß die erforderliche Dosis erheblich geringer ist als bei denjenigen ohne Psychotherapie. Die meisten erforderlichen Dosen sind so gering, daß sie von nur "somatisch" eingestellten und nur pharmakologisch behandelnden Psychiatern als irrelevant, als bedeutungslos angesehen oder nur wegen einer Placebo-Wirkung als nützlich betrachtet werden. Dies entspricht allerdings nicht meinen Erfahrungen. Viele Patienten profitieren tatsächlich von dem pharmakologischen "Schutz" der kleinen Dosis (obwohl freilich die symbolische Funktion des Medikaments nicht geleugnet werden kann). Andererseits benötigen sie auch deshalb eine nur schwache Medikation, weil viele der Affektstürme, der intrapsychischen Spannungen und insbesondere der Ängste, die die psychotischen Mechanismen hätten mobilisieren können, durch die Psychotherapie entfallen.

IV

Die Psychodynamik affektiver Psychosen

Die psychoanalytische Literatur über affektive Psychosen[1] ist im Umfang eindeutig kleiner als diejenige über schizophrene Psychosen. Dies mag verschiedene Gründe haben, so zum Beispiel die scheinbare therapeutische Unangreifbarkeit des Melancholischen und noch mehr des Manischen; oder die Tatsache, daß die manisch-depressiven psychotischen Episoden ohnehin von sich aus bald abklingen oder der Umstand, daß biologische Faktoren bei der Auslösung solcher Psychosen deutlicher zum Vorschein kommen. Aber auch die Unerträglichkeit der Gegenübertragungsgefühle angesichts eines versteinerten, unbeweglichen, leeren depressiven oder eines total uneinsichtigen, die Flucht nach vorne ergreifenden manischen Patienten hat vielleicht psychoanalytische Therapeuten demotiviert. Ein zusätzlicher Grund für die Literaturarmut auf diesem Gebiet scheint schließlich die Tatsache zu sein, daß eine umfassende, einheitliche, mit den klinischen Tatsachen zu vereinbarende Theorie über Ätiologie, Dynamik und Therapie affektiver Psychosen eigentlich noch nicht existiert. Zwar darf man nicht vergessen, daß die Psychoanalyse sich doch ziemlich früh durch epochemachende Beiträge mit diesem Thema beschäftigt hat (etwa ab 1910: *Abraham, Freud, Rado, Arieti, Melanie Klein, Guntrip, Jacobson, Mahler, Rosenfeld, Biebring, Bowlby, Wildlöcher* etc.). Dennoch sind die Ansichten zur Psychodynamik sehr unterschiedlich, und viele der wichtigsten Fragen bleiben noch offen. Ich möchte einiger dieser Fragen kurz formulieren:

a) Warum nennt man, auch in der psychoanalytisch orientierten Literatur, sowohl die Schizophrenien als auch die manisch-depressiven Erkrankungen *Psychosen,* obwohl eigentlich nur bei den ersteren gravierende Störungen des Selbst (Desintegration, Fragmentierung etc.), dagegen bei den zweiten nur emotionelle Störungen (bei relativ gut erhaltener Selbstintegrität) vorliegen? Wenn wir Psychosen als Störungen definieren, bei denen primitivere, sehr regressive Abwehrformen mobilisiert werden, bei denen die Selbst-

1 Gemeint sind die depressiven und manisch-depressiven Erkrankungen.

und Objektrepräsentanzen ihre Konturen verlieren, sich verwischen und bei denen durch die massiven Spaltungen und Externalisierungen eine grobe Beeinträchtigung der Realitätsprüfung resultiert, so bleibt fraglich, wo denn das Gemeinsame zwischen schizophrenen und manisch-depressiven Erkrankungen zu finden sei, denn bei den letzteren sind solche Veränderungen nicht festzustellen.

Zwar mögen die depressiven Versündigungs- und die manischen megalomanen Wahnideen einige dieser "Psychosebedingungen" erfüllen. Aber meist liegen bei den affektiven Psychosen solche massiven Symptome nicht vor.

b) Was sind eigentlich die schizoaffektiven Psychosen? Sind sie eine Mischung schizophrener und affektiver Psychosen? Sind sie ein Zwischenstadium zwischen dem Paranoiden und dem Depressiven? Könnte ihr Studium uns vielleicht am ehesten zu einer besseren Abgrenzung, aber auch Bestätigung bestimmter Gemeinsamkeiten bei beiden großen Gruppen nützlich sein?

c) Läßt sich, psychoanalytisch betrachtet, das Unterscheidende zwischen Schizophrenie und Depression am ehesten durch die Bestimmung zweier unterschiedlicher Grund*konflikte* (beziehungsweise zweier unterschiedlicher, und in diesem Falle ungelöster Grund*aufgaben*), oder besser durch die Annahme zweier unterschiedlicher Abwehrmodi definieren?

d) Gibt es eine psychodynamische Unterscheidung zwischen der neurotischen und der psychotischen Depression?

e) Wie läßt sich die Unterscheidung zwischen Schizophrenie und affektiven Psychosen vom Gesichtspunkt der Objektbeziehungstheorie her formulieren? Welche Art von Beziehungen, von verzerrten Beziehungen (oder überhaupt keiner Beziehung!) liegen hier jeweils vor?

f) Wenn ein biologischer Faktor bei den Manisch-Depressiven von Bedeutung sein sollte (worüber man wenig Zweifel haben kann), so stellt sich folgende Frage:

Verhält es sich in diesem Fall so, daß dieser Faktor die Affektlage *direkt* bestimmt, zum Beispiel über die Aktivierung bestimmter neuronaler Strukturen, so daß die dann bestehenden Vorstellungen und sonstigen psychischen Inhalte einfach nur eine "dazu passende" Inhaltsbesetzung darstellen?

Oder verhält es sich umgekehrt so, daß die im Bewußtsein herrschenden Inhalte (sozusagen rein "psychologisch") die depressive oder manische Stimmung "herbeiführen"?

Die traditionelle Psychiatrie neigt zu der ersten Annahme, die psychodynamische Betrachtung tendiert eher zu der zweiten. Aber auch für diesen letzteren Fall könnte man Vorstellungen entwickeln, die die Wirkungsweise des biologischen Faktors verständlich machen: so beispielsweise eine Arbeitshypothese, die den Ansatzpunkt des biologischen Faktors (wie im Falle der Schizophrenie) zu einem früheren Zeitpunkt ansiedelt, also in der frühen Kindheit. Sein Beitrag bestünde in der Mitwirkung bei der Entstehung von intrapsychischen *Strukturen*, die ihrerseits die *Prädisposition* zu depressiven oder depressiv-manischen *Reaktionen* abgeben würden.

Ich schließe hier diese Liste von Fragen und Überlegungen ab, obwohl ich sie noch hätte verlängern können. Mir scheint es auch nicht sehr sinnvoll, direkt auf die Beantwortung dieser einzelnen Fragen hinzusteuern. Ich möchte statt dessen im folgenden ein psychodynamisches Modell darstellen, welches mir bei der Einordnung und Integration meiner Beobachtungen und therapeutischen Erfahrungen mit psychotisch-depressiven und manischen Patienten sehr nützlich ist.

Der im nächsten Kapitel anschließende Vergleich mit der Schizophrenie einerseits und der neurotischen Depression andererseits wird, wie ich hoffe, die Vorzüge dieses Modells deutlich werden lassen.

Um dieses Modell darzustellen, bedarf es zunächst einiger Erläuterungen zur Psychodynamik der Depression und insbesondere zu Aufbau und Funktion der Selbstwertgefühlsregulation unter normalen und pathologischen Bedingungen.

Psychodynamik der Depression

In seinem scharfsinnigen Vergleich zwischen Trauer und Melancholie (1917) macht *Sigmund Freud* zunächst auf die zahlreichen Ähnlichkeiten zwischen Trauer und Depression aufmerksam (schmerzliche Verstimmung, Aufhebung des Interesses für die Außenwelt, Verlust der Liebesfähigkeit, Hemmung jeder Leistung), um dann aber hervorzuheben, daß in einem wichtigen Punkt sich Trauer und Melancholie grundsätzlich unterscheiden: *Die Störung des Selbstwertgefühls fällt bei der Trauer weg*. Der Trauernde hat kein herabgesetztes Selbstwertgefühl, er neigt nicht wie der Melancholiker zu Selbstvorwürfen und Selbstbeschimpfungen und steigert sich nicht bis zu wahnhafter Erwartung von Strafe. Mit dieser mehr am Rande gemachten Bemerkung hat übrigens *Freud* den größten Teil der späteren Diskussion um die Psychodynamik der Depression gleichsam vorweggenommen. Eine Diskussion, die sich dadurch auszeichnet, daß aus den verschiedenen, in der Depressionsdynamik zentral wichtigen Komponenten – wie Objektverlust, psychomotorische Hemmung, Apathie, Aggression, Schuldgefühle, Selbstvorwürfe, Selbstbestrafung – in der jeweiligen Theorie wechselnd die eine oder die andere einseitig in den Vordergrund gestellt wird. *Freud* selbst hatte aber in seinem damaligen Gedanken versucht, mehreres mit einzubeziehen.

Eine der wichtigsten Annahmen seines Entwurfs darf auch heute noch als gültig betrachtet werden: Die für den Patienten in solchen Fällen besonders ungünstigen Folgen des *Objektverlustes* (unabhängig davon, ob dieser ein materieller oder ideeller ist, ob er sich auf eine konkrete Person oder eine Idee, auf eine Institution oder ähnliches bezieht), sind dadurch zu erklären, daß die *zuvor bestandene Objektbeziehung* eine *narzißtische* war. Wir könnten vielleicht heute sagen: Weil das Objekt ein "Selbstobjekt" war, das heißt ein solches, das an erster Stelle nicht um seiner selbst willen, sondern wegen seiner Bedeutung für die Aufrechterhaltung des narzißtischen Gleichgewichts, des Selbstwertgefühls des Subjekts geliebt und hoch geschätzt wurde. Deswegen bedeutet der Objektverlust im Falle des normal Trauernden sozusagen "nur" den Verlust (eines Teiles) der Welt. Derselbe Objektverlust bedeutet aber dort, wo es sich um eine "Selbstobjekt"-Beziehung gehandelt hat, wie im Falle der Depression, den Verlust des Ichs (Selbst) – oder auf jeden Fall die erhebliche Herabsetzung und Herabminderung des eigenen Wertes.

Mit diesen, von mir etwas pointiert zugespitzt zusammengefaßten Konzeptualisierungen hat *Freud* meines Erachtens einen der wichtigsten Kerne der Depressionspsychodynamik getroffen. Streiten könnte man vielleicht nur über die allgemeine Gültigkeit der zweiten Grundannahme *Freuds*: Das vom Objektverlust getroffene Subjekt – so *Freud* – schreite im Falle der Depression in seiner Not regressiv zurück und suche eine Ersatzlösung, nämlich die *Identifikation* mit dem Objekt. Das Subjekt *introjiziere* das Objekt. Da dieses jedoch, so *Freud* weiter, ambivalent besetzt war und sowohl geliebt als auch gehaßt wurde, bringe die Introjektion erhebliche Komplikationen mit sich. Der schon in der zuvor bestandenen Ambivalenz enthaltene Haß werde durch die verlustbedingte Frustration zusätzlich verstärkt und richte sich nicht nach außen, sondern nach innen. Daraus leitete dann *Freud* konsequent alle für den Melancholiker typischen Symptome der Selbsterniedrigung, Selbstverachtung, Selbstbeschuldigung, Selbstbestrafung ab.

Hinterfragt werden muß allerdings, ob *alle* Depressionen diese Introjektion und somit Wendung der Aggression nach innen zeigen und zweitens, ob diese Hypothese *Freuds* differenziert genug ist, um die einzelnen beobachtbaren Phänomene zu erfassen.

Ich werde im folgenden ein Modell der Depression darstellen, das sich zwar an dem kurz skizzierten *Freud*schen orientiert, jedoch die erwähnten Nachteile, Mängel und Unzulänglichkeiten zu überwinden und korrigieren versucht. Dieses Modell wird es, wie ich hoffe, möglich machen, die *normale Trauerreaktion* von der *reaktiven Depression* und diese wiederum von der *neurotischen Depression* zu differenzieren. Hierzu bedarf es allerdings eines etwas ausführlicheren Exkurses in die Entwicklungspsychologie und speziell in die Thematik der Entstehung und Regulation des Selbstwertgefühls.

Entstehung und Regulation des Selbstwertgefühls

Die dritte große Entwicklungsaufgabe des Menschen (nach der elementaren Konstituierung des Selbst samt seiner Abgrenzung vom Objekt sowie zweitens nach der elementaren Integration der "guten" und der "bösen" Selbst- und Objektanteile) besteht im Aufbau des Selbstwertgefühls, also in der Herstellung der subjektiven Überzeugung von der "Güte", "Größe" und "Stärke" des Selbst. Hier geht es also um die strukturell verankerte und abgesicherte Ausstattung des Selbst mit Eigenschaften, die es liebenswert, bewundernswert, achtenswert erscheinen lassen. Dieser Prozeß, der schließlich zur Bildung eines stabilen, aber auch einigermaßen realistisch fundierten Selbstwertgefühls führt, ist ein langer und komplizierter Vorgang, der von den elementaren, konkretistisch-primitiven und labilen Formationen zu differenzierteren, stabilen intrapsychischen Strukturen führt. Eine der relativ frühen, erst von *Kohut* systematisch beschriebenen Stufen auf diesem Wege ist diejenige des *Größenselbst*, das durch eine Überbewertung von Ich-Aktivitäten und Ich-Eigenschaften (etwa in der *Mahler*schen Übungs-Subphase, also in der ersten Hälfte des zweiten Jahres beginnend) entsteht, dessen Reste aber auch später, vielleicht das ganze Leben lang, in der Form halbbewußter *Größenphantasien* bei uns allen eine Rolle spielen.

Im Gegensatz zu *Kohut* betrachtet *Kernberg* das Größenselbst nicht als eine obligatorische Entwicklungsstufe, sondern als eine Abwehrformation, die (wenigstens in der von *Kohut* beschriebenen Ausprägung) nur in pathologischen Fällen von narzißtischen Störungen relevant wird. Wie man auch zu diesem Disput stehen mag, es kann nicht angezweifelt werden, daß wenigstens bestimmte Größenphantasien in jeder, auch der normalen Entwicklung eine Rolle spielen. Auf der anderen Seite scheint der wahre Kern der *Kernberg*schen Kritik an die Universalität des *Kohut*schen Größenselbst in folgendem zu liegen: Ein Kind mit ausreichender narzißtischer Zufuhr (durch liebende und bewundernde Eltern) wird wahrscheinlich weniger ein ausgeprägtes Größenselbst brauchen, um das Entwicklungsziel (nämlich ein relativ realistisches, aber auch stabiles Ideal-Selbst) zu erreichen: "Auch wenn ich manchmal Mist baue, bin ich im Grunde doch gut").

Eine gewisse empirische Stützung dieses Konzeptes (des Größenselbst oder zumindest der Größenphantasien) bietet vielleicht unter anderem die Beobachtung, daß 15- bis 18monatige Kinder, die eben laufen lernen, ganz stolz ihre rapid wachsenden motorischen Fähigkeiten zur Schau bieten, indem sie protzig wie kleine Napoleone marschieren. Die Ernüchterung kommt zwar bald, nämlich in der Wiederannäherungsphase (Rapprochement). Dennoch bleibt, trotz dieser unvermeidlichen Rückschläge und notwendig werdenden Neuanpassungen an die Realität, ein Teil dieses Größenselbst erhalten (in der Form der gelegentlichen Größenphantasien). Unter bestimmten pathogenen Bedingungen wird es sogar, wie wir später sehen werden, in der akuten manischen Phase mit größter Intensität aufflackern.

Bis hierher könnte meine Darstellung zu dem Mißverständnis führen, daß die psychische Entwicklung rein intraindividuell sei, von der Objektbeziehung unabhängig. In Wirklichkeit hängt jedoch die Bildung auch dieser, so "narzißtisch" erscheinenden intrapsychischen Strukturen maßgebend von der Beziehung zu dem primären Objekt ab. "Der Glanz in den Augen der Mutter" (*Kohut*) trägt erheblich zur Entwicklung des gesunden Ideal-Selbst bei. Parallel dazu, und komplementär zu der Funktion des Größenselbst, entwikkelt sich die *Idealisierung* der *Elternimago*, die wenigstens zeitweise eine wichtige Rolle bei der narzißtischen Stabilisierung spielt. Wenn auch diese interpersonelle Erfahrung schließlich (durch die Internalisierung) zur Gründung einer von äußeren Faktoren und Personen weitgehend unabhängigen psychischen Struktur führt, so bleibt die Ermutigung, das Lob, die Bewunderung wichtiger Personen lebenslänglich für die Aufrechterhaltung des Selbstwertgefühls relevant (narzißtische Zufuhr beziehungsweise "Selbst-Objekt-Funktion" des Objekts – *Kohut*). Dasselbe gilt auch für die Idealisierungstendenz, die jetzt nicht die Eltern, sondern andere "Leitbilder" betrifft.

Gerade diese Berücksichtigung des Beziehungsaspektes in der Entwicklung des (so "narzißtisch" erscheinenden) Größenselbst eignet sich nun sehr gut zur Darstellung der zweiten wichtigen Struktur der Selbstwertregulation, nämlich des Über-Ichs.

Über-Ich und Ich-Ideal (Selbst-Ideal)

Etwas pointiert und provokativ pflege ich meinen Studenten zu sagen: Das Über-Ich ist eine phantastische, gleichsam technische Erfindung und Leistung des kleinen Kindes, die darin besteht, daß das Kind in seinem "Hirncomputer" eine besondere Software, ein besonderes Programm eingibt, das mit bemerkenswerter Schnelligkeit und bewundernswerter Akribie in der Lage ist, Bedingungen festzustellen und Operationen zu mobilisieren, die erforderlich sind, um die Bindung zu den wichtigen Objekten nicht zu gefährden, sondern vielmehr zu sichern.

Man könnte fragen: Was hat denn das Über-Ich, mit dem man eigentlich Strenge, Disziplin, Strafe, Gebote und Verbote assoziiert, mit Liebe oder Bindung zu tun?

Die Antwort ist relativ einfach: Das Kind macht ziemlich früh die Erfahrung, daß die Zuwendung und Liebe der Eltern sowie die Befriedigung seiner sonstigen Bedürfnisse sehr oft an bestimmte Bedingungen, also an die Erfüllung bestimmter Pflichtnormen und das Einhalten von bestimmten Verboten, gebunden ist. Die besondere Leistung der mit dem Schlagwort *Über-Ich* bezeichneten Struktur des Ich besteht nun darin, die Summe aller dieser erforderlichen "Bedingungen" in einem kohärenten "Gesetzbuch" zur Verfügung zu stellen und – was noch wichtiger ist – das Individuum dazu zu bringen, dieses "Gesetzbuch" als selbst gewollt, selbst geschaffen zu empfinden. Diese Leistung bringt mit sich, daß, wenn alles gut geht, keine Verärgerung entsteht, so daß umgekehrt sogar narzißtisches "Kapital" aus dem intrapsychischen "Gesetzbuch" geschlagen werden kann, und zwar in der Form der subjektiven Überzeugung: "Das sind *meine* Prinzipien". Und schließlich, wiederum wenn alles gut geht, ist das fertige, reife, gut ausgebildete, realistisch korrigierte, nicht strenge, sondern “sachliche” Über-Ich, *das Gewissen*, gleichsam ein Teil des Ichs geworden; und darauf kann man ja stolz sein! Man kann stolz auf seine Prinzipien, seine Ideale etc. sein. Dies alles könnten wir abstrakt als eine gelungene Integration von Ideal-Selbst einerseits und Über-Ich (inklusive Selbst-Ideal) andererseits bezeichnen.

Im Falle einer gelungenen Entwicklung ziehen also Größenselbst (später Ideal-Selbst) einerseits und Über-Ich (inklusive Selbst-Ideal, also das Leitbild) andererseits “am selben Strang” in bezug auf die Selbstwertgefühlregulation: Sie stärken das Selbst und bewirken *synergistisch* eine Stabilisierung des Selbstwertgefühls und der Selbstachtung.

Dies ist aber leider keineswegs immer, sondern gerade meistens nicht der Fall. Die durch ungünstige Erfahrungen entstehende Fixierung des Über-Ichs auf seine Vorläufer (primitivere, unvollständigere, labile Formen eines archaischen und undifferenzierteren Über-Ichs) erschweren die beschriebene solidarische, synergistische Funktion der beiden Strukturen (Größenselbst bzw. Ideal-Selbst einerseits und Über-Ich bzw. Selbst-Ideal andererseits).

Zwar gibt es auch hier Elemente der solidarischen Zusammenarbeit zwischen Ideal-Selbst und Über-Ich: Das brave, das heißt das elternkonforme Kind bekommt nicht nur Küsse und Süßigkeiten, sondern auch ein bißchen von dem “Glanz in den Augen der Mutter”. Umgekehrt kann ein selbstbewußtes Kind den Eltern sozusagen aus dieser seiner relativ stärkeren Position heraus den “Gefallen” tun, auch brav und konform zu sein, wenn es will. Meist sind jedoch die Antagonismen und die Zirkuli vitiosi häufiger. Das hochmütige, “von sich selbst überzeugte” Kind (Größenselbst) ist weiß Gott nicht dazu geeignet, die Eltern gewogen zu stimmen. Hochmut wird mit Liebesentzug bestraft. Umgekehrt ist ein unterwürfiges, elternkonformes, vom Über-Ich gesteuertes Verhalten keineswegs dazu geeignet, den eigenen Stolz zu fördern und muß oft als Demütigung empfunden werden. Statt des Synergismus entsteht also ein Antagonismus.

Eine Patientin meinte selbstkritisch über ihre unterwürfige, langjährige Abhängigkeit von einem früheren Partner: “Ich schäme mich heute nachträglich. Ich war in jeder Beziehung bereit, alles zu tun, was er verlangte, wie wenn ich nicht in der Lage gewesen wäre, auf *eigenen Beinen* zu stehen”. In dieser Formulierung bringt diese Patientin ungewollt auch den Hinweis auf die Entstehung des Größenselbst, also die Entdeckung des kleinen Kindes von seiner eigenen Muskelkraft und selbständigen Motorik sowie die daraus entstehende Einschätzung der eigenen Fähigkeiten.

Wir pflegen Depression mit Verlust, Trennung, Mißerfolg in Verbindung zu bringen. Gelegentlich wird jedoch paradoxerweise eine Depression umgekehrt durch ein erfreuliches Ereignis ausgelöst.

Der ehrgeizige höhere Angestellte eines großen internationalen Konzerns erklomm einen Direktorenstuhl nach dem anderen. Er bekam jedoch jeweils in engem zeitlichen Zusammenhang damit auch eine unerklärliche Depression. Das letzte Mal, als er die Beförderung zum Generaldirektor mit Kollegen und Mitarbeitern bis spät in die Nacht gefeiert hatte, schnitt er sich im Anschluß daran auf dem Wege nach Hause die Pulsadern auf und wurde fast ausgeblutet ins Krankenhaus eingeliefert. Hinter dieser depressiven Krise konnte man folgende Psychodynamik aufdecken: Die Anerkennung seines Größenselbst durch die Beförderung wurde als eine nur äußere, sozusagen "erzwungene" Zuwendung und nicht als echte Liebe empfunden. Sein "Großsein" tröstete ihn nicht über die Tatsache hinweg, daß er nicht geliebt wurde. Noch gravierender aber war die Tatsache, daß offenbar diese Erfolge bei ihm ein halbbewußtes Schuldgefühl erzeugten: Eigentlich durfte er nicht besser sein als sein Vater.

Ich werde im weiteren klinische Bespiele darstellen, die noch tiefer greifen. Aber schon hier deutet sich der zentrale Zusammenhang an: Unter ungünstigen pathogenen Bedingungen kommt es an Stelle des Synergismus zu einem Antagonismus zwischen Größenselbst und Über-Ich. Dieser Patient empfand sein "Größerwerden" als eine Sünde, ein unerlaubtes Konkurrieren und Besiegen des Vaters (Über-Ich).

Um dieses besser zu begreifen, müssen wir uns vorher mit den Vorstufen, mit den Vorläufern des Über-Ichs beschäftigen (wie wir es analog in bezug auf das Ideal-Selbst getan haben, als wir das Größenselbst darstellten).

Diese Vorstufen des Über-Ichs sind konkretistisch, das heißt an das Bild, an die Imagines der äußeren realen Eltern gebunden und deswegen auch oft absoluter und "strenger". Übrigens: Je liebloser und aggressiver die in den Verboten und Geboten enthaltene aggressive Komponente, desto stärker auch die Strenge und potentielle Grausamkeit des dabei entstehenden Über-Ichs. Eine gewisse Aggressivierung (Aggressionsproduktion) entsteht ohnehin sozusagen auf normalem Wege bei der Über-Ich-Bildung, und zwar deswegen, weil Verbote und Gebote vielfach gegen das Lustprinzip durchgehalten werden müssen und dadurch selbstverständlich zur Erzeugung von Frustrationsaggression führen. Diese Aggression wird an die dabei entstehenden Strukturen gebunden und verleiht ihnen die vielfach in der Literatur erwähnte "Strenge" des Über-Ichs. Um so mehr gilt dies dort, wo diese Über-Ich-Entstehung unter ungünstigen Bedingungen geschieht. Dies erklärt auch, warum oft das Über-Ich "päpstlicher als der Papst" wird, das heißt strenger als die Eltern selbst.

Nun wird das Über-Ich in Wirklichkeit nicht, wie ich vorhin scherzhaft gemeint habe, vom Kind erfunden, sondern zum großen Teil per Identifikation von den Eltern übernommen. Bei diesem von *Freud* stammenden Konzept (das Über-Ich entsteht durch Identifikation) schleichen sich oft begriffliche Unklarheiten ein, die Verwirrung und Konfusion hervorrufen.

Das Über-Ich entsteht durch die Identifikation mit dem *Über-Ich* der Eltern. Diese Spezifizierung (daß es sich also um das Über-Ich handelt) hat *Freud* selbst vorgenommen, allerdings relativ spät (1933).

Mit den Eltern identifiziert sich jedoch das Kind auch in bezug auf *viele andere* Anteile der Person der Eltern, also in bezug auf viele ihrer Ich-Eigenschaften und Es-Anteile. Und was uns besonders hier interessiert: Es identifiziert sich auch mit *seinem idealisierten* Bild der Eltern, und gerade dieser Vorgang ist von Bedeutung für die Selbstwertgefühlregulation, weil er eine *Alternative zum Größenselbst* bietet.

Warum und aufgrund welcher Notwendigkeiten kommt es zu diesen Prozessen?

a) Die Realität zwingt das Kleinkind dazu, sein Größenselbst allmählich zu relativieren – spätestens zu Beginn des Rapprochement im 18. Monat, wenn es buchstäblich des öfteren "auf die Nase fällt". Schrittweise greift nun das Kind, an Stelle des relativierten Größenselbst, zur *Idealisierung der Eltern* (*Kohut*), um sein lädiertes Selbstwertgefühl zu retten und zwar durch Identifizierung mit den idealisierten und somit omnipotenten und allwissenden Eltern oder auch durch Partizipierung an den Vorzügen dieser idealisierten Objekte. "Ich bin zwar klein und schwach, aber ich habe tolle Eltern." Dieser Prozeß ist für das Kleinkind im dritten Lebensjahr wahrscheinlich eine obligatorische Zwischenstufe, er spielt auch in der Zeit danach eine gewisse Rolle.

b) Bei diesem Identifizierungsprozeß übernimmt nun das Kind (zumal es nicht in der Lage ist, selektive Identifikationen vorzunehmen) unversehens auch die Prinzipien seiner Eltern, also ihr Über-Ich.

Dies erweist sich im Regelfall auch als nützlich, weil es dem Kind Akzeptanz und Unterstützung durch die Eltern sichert. Das Kind braucht dies in zweifacher Hinsicht. Es übernimmt die Prinzipien seiner Eltern nicht nur um ihre Liebe zu erhalten (eine wenigstens partielle *Trieb*befriedigung), sondern wiederum auch, um sein Selbstwertgefühl zu retten. "Liebe erhalten" als Triebbefriedigung einerseits und zur Stärkung des Selbstwertgefühls andererseits ("*Objekt*funktion und *Selbst-Objekt*funktion des Objektes") sind gewöhnlich nicht voneinander zu trennen. Hier zeigt sich noch einmal, daß Selbst- und Triebentwicklung eng miteinander verbunden sind.

Wichtiger für unsere Thematik ist aber der Fall des Antagonismus, des Gegensatzes, des potentiellen Konflikts zwischen beiden. Um auch diesen Punkt deutlicher werden zu lassen, fasse ich zunächst das bis jetzt Gesagte allgemeiner, abstrakter zusammen:

Der generelle, durch alle Entwicklungsphasen hindurchziehende Antagonismus zwischen narzißtischen und objektalen Tendenzen (ein zunächst sinnvoller Gegensatz, den es aber zu Gunsten des synthetischen Synergismus aufzuheben gilt) nimmt die besondere Form des potentiellen Gegensatzes zwischen Größenselbst und archaischem Über-Ich an. Beides dient letzten Endes "normalerweise" der Selbstwertgefühlregulation. Im Falle des ersten (des Größenselbst) geschieht dies über eine vorwiegend *vom Objekt unabhängige*, im zweiten Fall über eine vorwiegend sich *am Objekt orientierende* Weise. Zu einer Versteifung auf das eine oder das andere, zu einer Blockierung der weiteren Entwicklung, zu einer Verhinderung der Reifung und zum Verunmöglichen der Aufhebung des Gegensatzes kommt es dann, wenn die dabei eminent wichtige Unterstützung durch das Primärobjekt (empathische Begleitung, Lob, Ermutigung, Bewunderung) ausbleibt. Dann entsteht eine Disposition für spätere Krisen der Selbstwertgefühlregulation im Erwachsenenleben. Je mehr die geschilderten beiden Strukturen aufgrund negativer Erfahrungen sich nicht regelrecht weiter entwickeln und integriert werden konnten, umso größer ist die Gefahr, daß eine narzißtische Kränkung und/oder ein Objektverlust (und dadurch Ausbleiben einer bis dahin vorhandenen kompensierenden narzißtischen Zufuhr) zu einem regressiven Zurückgreifen auf die alten primitiven, unentwickelten Formen beider Strukturen führen kann.

Ein gewisses Ausmaß an Anerkennung und Akzeptanz (narzißtische Zufuhr) hat zwar jeder nötig. Hier geht es aber um die Fälle, bei denen die narzißtische Zufuhr in größeren Mengen und konstant unabdingbar wird. Kommt es bei einem in dieser Art von der äußeren narzißtischen Zufuhr abhängigen Menschen zu einer Gefährdung des Selbstwertgefühls, so kann dem auf zwei (pathologischen) Wegen begegnet werden: entweder durch die regressive *Mobilisierung des Größenselbst* (das ist der Fall bei der Manie) oder durch die regressive Mobilisierung einer früheren Stufe der allmächtigen Eltern-Imago beziehungsweise des *archaischen Über-Ichs*. Dieses letztere scheint in übertriebenem Maße bei der *Depression* der Fall zu sein.

Was wir also deskriptiv als Manie oder Depression bezeichnen, ist psychodynamisch betrachtet der verzweifelte Versuch zur Rettung des Selbstwertgefühls, sei es durch "Überbordwerfen des Über-Ichs" (*Freud*) bei gleichzeitiger Aufblähung des Größen-Selbst oder umgekehrt (in der Depression) durch die Überaktivierung archaischer Formen des Über-Ichs sowie der Elternidealisierung (der Depressive verdammt und erniedrigt sich selbst, während er das Objekt idealisiert).

Diese eben beschriebenen Vorgänge entsprechen meines Erachtens dem, was *Freud* zu global in der damaligen (1917) triebökonomisch orientierten Terminologie mit dem Begriff und dem Konzept der *pathologischen Introjektion des Objekts* zu erfassen versucht hat.

Scham- und Schuldgefühle

Den geschilderten beiden intrapsychischen Substrukturen, also dem aus dem Größenselbst und der Selbstidealisierung hervorgehenden Ideal-Selbst einerseits und dem aus den Vorläufern des Über-Ichs und ehemals idealisierten Eltern-Imagines hervorgehenden Über-Ich und Selbst-Ideal andererseits sind zwei wichtige Gefühle mit Signalcharakter zugeordnet, die, wie die Signalangst, eine "Indikatoren"-Funktion ausüben, indem sie Abweichungen vom Sollwert im jeweils momentanen psychischen Zustand signalisieren. Es geht um das *Scham-* und das *Schuld*gefühl.

Schamgefühl spürt man, wenn man sich klein, unbedeutend, von schlechter Qualität fühlt. *Schuldgefühle* wiederum tauchen auf, wenn die Gebote und Verbote des Über-Ichs nicht befolgt werden oder auch, wenn die schon in der biologischen Evolution entwickelten, vorgegebenen "sozialen" Tendenzen sowie die aus dem Selbst-Ideal hervorgehenden Zielsetzungen und Handlungszuweisungen zugunsten egozentrischer, ichbezogener Tendenzen vernachlässigt werden. Der Unterschied zwischen Scham- und Schuldgefühlen wird besonders dort deutlich, wo ein *Antagonismus* zwischen den (diesen "Indikatoren" korrespondierenden) *Substrukturen* besteht (Größenselbst und Über-Ich). So kann es vorkommen, daß man sich schämt, weil man Über-Ich-konform, also unterwürfig gehandelt, beziehungsweise weil man sich vom Objekt übermaßig abhängig gemacht hat.

Wie kompliziert die möglichen und tatsächlich vorkommenden Konstellationen im Falle des Antagonismus der zwei Substrukturen sind, zeigt auch folgendes Beispiel: Bin ich hochmütig und aufmüpfig (was mich eigentlich mich stark fühlen läßt), so mögen mich aber die Eltern nicht, wodurch in letzter Konsequenz mein Selbstwertgefühl indirekt geschädigt wird. Mache ich mich umgekehrt klein und bin ich gehorsam, so bekomme ich zwar Lob und Liebe, habe mich aber abhängig gemacht, ein Stück meiner autarken Selbstversorgung aufgegeben und somit auch auf ein Stück Stolz und Selbstwertgefühl verzichtet. In solchen Fällen verträgt sich die mehr narzißtisch organisierte Selbstwertgefühlregulation nicht mit derjenigen, die sich mehr auf das Objekt stützt. Weil die ausschließliche Selbstversorgung des Selbst allein nicht ausreicht, kann man auch nicht den Konflikt einfach dadurch lösen, daß man auf das Objekt total verzichtet. Nicht nur ist das Objekt für die (auch bei normaler Entwicklung benötigte Rest-) narzißtische Zufuhr unverzichtbar; auch die rein objektbezogenen (libidinösen) Bedürfnisse machen das Objekt unabdingbar.

Zwar ist die Identifikation mit den idealisierten Eltern sowie die Errichtung eines Über-Ichs im Vergleich zu der ursprünglichen Bedeutsamkeit der *konkreten allmächtigen* Eltern immerhin eine produktive Lösung in Richtung des Sich-unabhägig-Machens, denn das dabei entstehende Selbst-Ideal und Über-Ich sind immerhin *die eigenen.*

Damit ist aber das Problem keineswegs endgültig gelöst. Einmal bleibt ein Teil Abhängigkeit von realen wichtigen Personen ("importierte" narzißtische Zufuhr) erhalten. Zweitens, und noch wichtiger, behält das internalisierte Objekt naturgemäß bis zu einem gewissen Grad seine ursprüngliche Zweideutigkeit, seine Ambivalenz bei. Es verteilt Lob und Kritik, Liebe und Züchtigung.

Illustration durch Kasuistik

An dieser Stelle möchte ich zunächst meine theoretischen Überlegungen unterbrechen und das Beispiel eines manisch-depressiven Patienten bringen, der in den letzten 15 Jahren dreimal wegen einer manischen Phase stationär behandelt wurde, aber auch unabhängig davon mehrere Jahre lang kurze hypomanische Schwankungen zeigte, während er sonst vorwiegend depressiv war.

Als er zu mir kam, war er 40 Jahre alt, hatte eine dreijährige, eher stützende psychotherapeutische Behandlung hinter sich, die ihm in gewisser Hinsicht etwas geholfen hatte. Er glaubte aber, etwas "Gründlicheres" mit sich machen zu müssen, weil er mit seinem Leben unzufrieden war, häufiger tief in der Depression stand und auch Angst hatte, er würde wieder einmal mit einer Manie in die Klinik müssen. Intellektuell begabt und in seiner Firma als wissenschaftlicher Mitarbeiter erfolgreich, zeichnete sich der Mann unter anderem durch eine recht "bemühte", wenn auch intellektualistisch gefärbte Haltung aus. Meine Gegenübertragung war (mit Ausnahme einer gelegentlichen Ermüdung angesichts des langsamen, pedantischen Vortragens des Patienten) von dem Gefühl beherrscht: das ist ein netter Junge, der mal dieses mal jenes unternehmen will, mal eine Burg und mal ein Schloß mit seinen Holzklötzen baut und dabei insbesondere auf meine zustimmende positive Bewunderung und Teilnahme wartet. Dabei spürte ich in mir eine Tendenz, besonders aufzupassen, diese Schlösser nicht abrupt dadurch zu zerstören, daß ich sie hinterfrage oder deute. Wenn man so will, verhielt ich mich also hier meistens wie *Kohut*, also wenn nicht begeistert, so doch wohlwollend und interessiert hinschauend, ohne aber sicher zu sein, daß meine therapeutische Haltung auch richtig sei. Meist wurde ich jedoch bestätigt, und zwar dadurch, daß der Patient selbst die völlige Relativierung vornahm und fast selbstironisch und selbstkritisch fragte, ob dies alles nicht doch etwas utopisch und irreal sei.

Eines dieser "Schlösser", die er zusammenbastelte, war die Vorstellung von einem neuen wirtschaftlichen System (innerhalb des kapitalistischen), in dem nicht der Profit, sondern die Befriedigung der Bedürfnisse der Kunden zum "Selbstkostenpreis" die Hauptmotivation für die Mitarbeiter des Betriebes abgeben würde, weil sie (die Mitarbeiter) dadurch ein "besseres Gefühl", einen Sinn für ihr Leben und auch ein besseres Selbstwertgefühl bekämen. "Das Tolle dabei", sagte der Patient, "wäre, daß ich gleichzeitig etwas tun würde, womit ich sowohl *mich identifizieren* kann (der Therapeut dachte danach: Selbstideal), als auch den anderen diene" (Über-Ich im engeren Sinne). "Dadurch hätte ich", setzte der Patient fort, "ein sehr gutes Gefühl von mir (Ideal-Selbst), "denn damit hätte ich mich dem angenähert, was ich sein möchte" (wieder Selbst-Ideal!).

Dies alles entbehrte nicht einer gewissen Ironie im Hinblick darauf, daß der Patient in einem freilich kapitalistisch organisiertem Großbetrieb tätig war und selbstverständlich dort ständig in Konflikte mit sich selbst geriet. Dabei war er oft vorübergehend von bestimmten Personen begeistert, die er offensichtlich idealisierte: Personen, die ihm in gewisser Hinsicht nach diesen "guten" Prinzipien zu handeln schienen. Dann kam es aber fast regelmäßig zu Enttäuschungen (in bezug auf diese idealisierten Eltern-Figuren), die dann auch von den entsprechend depressiven Schwankungen gefolgt wurden.

Innerhalb der therapeutischen Übertragung war die Idealisierung des Therapeuten lange Zeit unantastbar. Der Patient fragte sich vielmehr immer wieder, ob er dem Therapeuten auch gerecht werde, ob er das Interesse des Therapeuten wach halten könne, ob er seine Bedürfnisse (des Therapeuten) befriedige. In solchen Sequenzen war es möglich, den Patienten auf gewisse psychogenetische Zusammenhänge aufmerksam zu machen, denn es war mehr als offensichtlich, daß ähnliche Interaktionen sich mit dem Vater abgespielt hatten. Der Vater war ein sehr fähiger Akademiker, der jedoch relativ isoliert, enttäuscht, verbittert und mehr für sich lebte und dies zum großen Leid der Mutter und auch der Kinder, des Patienten selbst. Die Situation war, so haben wir in mehreren Stunden herausarbeiten können, recht kompliziert, denn der Patient wollte selbstverständlich auf der einen Seite der Erwartung des Vaters nachkommen, er (der Patient) möge auch ein fähiger, hochintelligenter Wissenschaftler werden. Auf der anderen Seite wollte er es aber auch nicht und hatte in der Praxis tatsächlich die Erwartungen des Vaters im wesentlichen enttäuscht. Dies war dadurch zu erklären, so der Patient selbst, daß er sich irgendwie mit seiner Mutter identifiziert habe. Diese Mutter war für den Vater nicht intelligent, nicht gebildet, nicht für Wissenschaftliches genug interessiert gewesen. Der Patient habe nun in sich das Bedürfnis gespürt, sich auf die Seite der Mutter zu stellen und sich sozusagen fast künstlich ebenfalls "dumm" zu stellen. Und dies entsprach nicht nur einer Solidarisierung mit der Mutter, sondern insbesondere einer Autonomiestrebung des Patienten, der in dieser Verweigerung dem Vater gegenüber sich auf diese passive Weise zu behaupten versuchte. Der Patient wollte und er wollte nicht dem Wunsch des Vaters entsprechen. Er war ambivalent.

In der Übertragung ging es häufiger um seine Frage, ob er meinen Erwartungen entspreche. Sollte er besonders ausgeklügelte intellektuelle Dinge vorbringen, oder erwartete der Therapeut von ihm mehr Emotionales, Wärme, Kontakt?

Auf der bewußten Ebene zeigte er sich also besonders anpassungswillig. Die entgegengesetzte Tendenz machte sich nur indirekt, meist unbewußt, in seinem ständigen Zögern, in der übertriebenen Gründlichkeit der Überlegungen bemerkbar.

Der Patient hatte das Gefühl, daß sein Gesamtleben von dem Gefühl beherrscht wäre, das er eine "mühevolle Aussichtslosigkeit" nannte. Er hatte den Eindruck, er habe von Kindheit an geschuftet und geschuftet, um ein paar Pfennige zu bekommen. Nur in den kurzen manischen Perioden hatte er umgekehrt das Gefühl, daß alles leicht von der Hand ging. Das waren die Zeiten des "mühelosen Aussichtsreichtums", die jedoch jeweils bald zu Ende gingen.

Er schämte sich dann für seinen Hochmut in der Manie und fühlte sich um so mehr verpflichtet, sich jetzt noch mehr zu bemühen. Wie sehr der Patient sich die Zuwendung, das Interesse, aber auch nur das Zufriedenstellen von Vaterfiguren wünschte, zeigte sich in mehreren Träumen oder auch in dem – für seinen, trotz allem, ausgezeichneten trockenen Humor – bezeichnenden Satz: "Sollte ich mal in die Hände von Kannibalen fallen, so wünschte ich mir, daß wenigstens mein Fleisch den Kannibalen schmeckt." Es sei für ihn eminent wichtig, daß ihm signalisiert werde, man möge ihn, man akzeptiere ihn. In Wirklichkeit sei es aber oft so, daß er immer Angst habe, er sei nicht erwünscht, er stehle den Leuten die Zeit, man wolle ihn nur loswerden. Es gelang, entsprechende Übertragungsverknüpfungen anzustellen. Also auch der Therapeut, so der Patient, fände kein Interesse mehr an ihm. Dabei wurde es aber auch deutlich, daß hier eine Art der sogenannten "masochistischen" Lösung des Problems vorlag[2]: So sagte er: "Wenn ich in einer Beziehung etwas riskiere, entweder geht es gut, und das ist dann auch gut; oder es geht schlecht, dann ist es ebenfalls gut. Denn man hat wenigstens die Bestätigung bekommen, daß das eine Welt ist, in der man enttäuscht, nicht gemocht und weggeschickt wird." Und außerdem habe er festgestellt, daß auch in jenen seltenen Fällen, in denen es gut gehe, er dafür sorge, daß es nicht lange dauere; er provoziere geradezu die negative Wende, weil ihm die Gefahr, von einer zu großen Höhe herunterzufallen, zu groß erscheine. Wenn man so wolle, sei also *die depressive Lage die stabilere.*

Hier wird deutlich, wie der Patient aus Angst, er könnte wiederum alles verlieren, viele positive Wendungen in seinem Leben vorwegnehmend selbst zunichte gemacht hat.

Eine Variante desselben Themas bietet der Patient O., ein "monopolar" (also ein nur depressiver und nicht auch an manischen Phasen leidender) depressiver Patient, der zwei stationäre Behandlungen und einen schweren Suizidversuch hinter sich hatte und sein "Nichtvorankommen" (trotz erheblicher Bemühungen) in seinen Träumen deutlich zum Ausdruck brachte:

Ein herannahender Radfahrer, der offensichtlich der Patient war, legte einen kleineren Gang ein, um einen Graben zu überwinden, blieb aber dort stecken. Das Hinterrad konnte zwar unter großer Anstrengung gedreht werden, es versank jedoch immer tiefer in die Erde. In einem anderen Traum saß der Patient auf seinem Fahrrad, ohne vorwärtszukommen: Er hielt ratlos die Radkette in den Händen. Die Kraft und der Antrieb seiner Muskeln konnten nicht in Fortbewegung übersetzt werden, weil die Radkette nicht aufgezogen war.

Als bemerkenswert zeigte sich im Gespräch, daß die Bezeichnung "Antriebslosigkeit", die der Patient durch Lektüre oder bei seinem Aufenthalt in der Klinik öfters für seinen Zustand gehört und benutzt hatte, das Gemeinte nicht richtig traf. Es gehe nicht um einen fehlenden Antrieb, sondern um einen nicht zum Zuge kommenden, einen ins Leere laufenden oder einen verklemmten Antrieb.

Zwischenbemerkung: Diese Feststellungen fügen sich nahtlos den Ansichten von *Emmy Gut*, die in einem kürzlich erschienenen Buch sehr überzeugend gezeigt hat, daß der depressive Affekt – genau genommen – weder den Verlust des Objekts noch die Trennung noch die Erniedrigung des Selbstwertgefühls signalisiert, sondern der Indikator für den *intrapsychischen Stillstand* (the deadlock) ist.

2 Über die Problematik des Terminus "Masochismus" siehe weiter unten.

Dieser resultiert aus Verkomplizierungen und Blockierungen beim Versuch der Verarbeitung (bzw. Kompensation) von Verlust, Trennung, Selbsterniedrigung und deren emotionalen "Indikatoren" (Trauer, seelischer Schmerz, Scham, Verlassenheits-, Nichtigkeitsgefühl etc). Diese Konzeptualisierung erlaubt die Erfassung auch anderer, nicht auf konfliktuöser Blockierung und Stillstand basierenden Depression (z.B. bei schweren Erschöpfungszuständen).

Bei einem dritten manisch-depressiven Patienten, E., zeigte sich während der depressiven Phase noch eindeutiger, daß diese sogenannte Antriebslosigkeit keine einfache passive Inaktivität zu sein braucht, sondern oft das Ergebnis eines recht dynamischen konfliktuösen Prozesses ist. Die Inaktivität war bei diesem Patienten letzten Endes das Resultat eines Widerstandes, eines Protestes gegen die Aufforderung des Über-Ichs. Die dabei naturgemäß entstehenden Schuldgefühle wurden aber offenbar durch die ebenfalls intensive, ständige Selbstentwertung (er sei ein nutzloser, fauler Versager, er sei eigentlich, wegen dieser systematischen Vernachlässigung seiner Pflichten kriminell usw.) ausgewogen. Eine andere Entschuldigung war die Tatsache, daß er sich ja eigentlich tatsächlich unermeßlich schwach fühlte, wobei, wie wir später feststellten, in dieser Schwäche doch etwas (wie er meinte) eigenartig "Bösartiges" steckte. Interessant erscheint hier insbesondere die für viele depressive Patienten typische *Patt-Situation*, die zu einem schwer zu überwindenden Stillstand führt. Die Dynamik dieses "deadlock" besteht in einem Clinch zwischen Verweigerung des Gehorsams (dem Über-Ich gegenüber) durch Passivität, Nichterfüllung der Pflicht einerseits, und Blockierung beziehungsweise Verunmöglichung einer positiven Selbsteinschätzung andererseits als selbst auferlegte Strafe dafür. Letzteres machte sich in den unaufhörlichen selbstkritischen Bemerkungen des Patienten bemerkbar. Er ließ kein gutes Haar an sich, verurteilte seine Person als unverantwortlichen, faulen Versager, und zwar insbesondere wegen seiner Inaktivität und Untätigkeit. Hier stehen wir vor einer *tot*sicher (deswegen meine Assoziation mit dem englischen Wort deadlock, schon bevor ich es bei *Gut* gelesen habe), negativ wirkenden und eine Pattsituation herbeiführenden Konstruktion, die darin besteht, daß in einem ersten Schritt *die* konsequente pflichtbewußte *Leistung* (die das Über-Ich verlangt und die den präpsychotischen Charakter, den Typus Melancholicus nach *Tellenbach* charakterisiert) *verweigert* wird, um dann aber in einem zweiten Schritt sich selbst gerade wegen dieser Verweigerung zu verurteilen, zu verachten und als Versager zu bezeichnen. Das Resultat ist ein geschlossenes und unangreifbares System. Man könnte es aber auch als eine Falle bezeichnen, die der Patient aufgrund der vorhandenen Bedingungen zwangsläufig sich selbst stellt. Bezeichnenderweise meinte auch der Patient E. (bei dem diese Pattsituation besonders ausgeprägt war): "Man müßte mich eigentlich richtig verprügeln, vielleicht könnte mir dann der Schock weiterhelfen".

Dazu sagte ich: "Ich will und ich kann Sie nicht verprügeln, ich verstehe aber sehr gut, was Sie sagen wollen: Durch ein Übermaß an objektiver Strafe würde sich die von Ihnen aufgelegte Selbststrafe zum Teil erübrigen, so daß eine gewisse Aufwertung des eigenen Selbst möglich wäre. Wir müßten uns Gedanken darüber machen, wie Sie diese Pattsituation anders verändern können, nicht durch Bestrafung. Wäre dies möglich durch eine ebenfalls starke, massive positive Aufwertung Ihres Selbst? Oder haben Sie Angst, daß dies vielleicht wieder zu einer Manie führen würde? Ist es nicht überhaupt Angst, die Sie in dieser Position hält?"

Der Patient stimmte dem zu. Es bestünde tatsächlich dann die Gefahr, daß er sich manisch aufblähe, aber eigentlich sei er jetzt nicht mehr dazu in der Lage. Früher hätte er es so arrangiert, daß er durch verschiedene äußere Anreize und eine rasch progrediente Selbstaufwertung aus dieser Sachkgasse herauskam. Dies sei aber nicht mehr möglich.

Ich komme zum ersten Patienten zurück. Eines Tages erzählte er belustigt und fast glücklich, wie sein kleiner, anderthalbjähriger Sohn es fertigbrachte, ihm beim Gießen der Blumen auf dem Balkon "zu helfen". Da der kleine Bub selbstverständlich den großen mit Wasser gefüllten Eimer nicht bewegen konnte, nahm er seinen kleinen Spielzeugeimer, füllte ihn aus dem großen Eimer mit Wasser und lief immer wieder zu den Blumen und zurück. Der Vater freute sich sehr und signalisierte dem Sohn, daß er sehr zufrieden mit seiner Leistung sei.

Wir konnten mit dem Patienten herausarbeiten, daß es früher, als er Kind war, immer schon seine große und unerfüllte Sehnsucht gewesen war, in das Leben seines Vaters einbezogen zu werden, sich für ihn nützlich machen zu können. In Wirklichkeit habe jedoch der Vater ihm immer wieder signalisiert, daß er zwar nicht faul, so doch recht ungeschickt, unerfahren und klein sei. Seine Mitarbeit wurde allenfalls als "Beschäftigung" toleriert, oder später als selbstverständliche Pflicht, deren Erfüllung keines besonderen Lobes bedarf.

Anders bei der "genialen" Lösung des kleinen Sohnes des Patienten, der simultan sowohl sein Bedürfnis und seine Freude am Planschen mit dem Wasser (spontane Triebbefriedigung plus Verstärkung der Bildung eines gesunden Ideal-Selbst durch das Erleben dieses fröhlichen Verhaltens) als auch die vermutlichen Erwartungen des Vaters (Vorläufer des Über-Ichs) erfüllte. Dies alles war selbstverständlich nur unter der Voraussetzung der empathischen Begleitung durch den Vater möglich. Das ist eine der wichtigsten Bedingungen für eine konstruktive Aufhebung des Gegensatzes, für eine konstruktive Lösung des hier potentiell implizierten Konflikts. Eines Konflikts also, der letzten Endes die meisten Charakteristika des Grundkonflikts trägt, der auch in der Pathogenese der Schizophrenie eine große Rolle spielt. Unter diesen Bedingungen muß man sich aber fragen, worin besteht denn dann der Unterschied zu der Konstellation bei der letzteren, also bei der Schizophrenie?

V

Affektive Psychose, Schizophrenie und neurotische Depression

Um der Versuchung abstrakten Theoretisierens zu widerstehen, bleibe ich an der klinischen Realität orientiert und beginne mit der Frage, wie denn ein schizophrener und ein manisch-depressiver Patient auf eine frustrierende oder abweisende Haltung der Bezugspersonen reagiert. Die in der Therapie sich abspielenden Prozesse ermöglichen uns diese Reaktionen oft aus der Nähe und in statu nascendi zu beobachten und die auftretenden Unterschiede festzustellen.

Zunächst läßt sich zeigen, daß eine Abweisung durch das Objekt (oder auch eine nur subjektiv als Abweisung empfundene Haltung oder Äußerung des Therapeuten) einen jeweils unterschiedlichen Stellenwert hat: Der Depressive empfindet diese Abweisung unter Umständen als massive Selbstwertminderung; er wird in seiner Selbstwertgefühlsregulation beeinträchtigt. Der Schizophrene empfindet die Abweisung als eine ihn vernichtende Gleichgültigkeit, als eine Verneinung seiner Existenz und seiner Person (als einer integrierten zusammenhängenden autonomen Entität). Beide Vorgänge implizieren einen jeweils unterschiedlichen, aber in beiden Fällen gravierenden Zusammenbruch. Deswegen werden in beiden Fällen auch entsprechende Abwehrmechanismen und Kompensationen mobilisiert.

Reaktionen auf Abweisung und Frustration

Beim Manisch-Depressiven werden (unter anderem) folgende “Maßnahmen” beobachtet:

a) Eine – die drohende Herabsetzung des Selbstwertgefühls vorwegnehmende – aktive Selbstentwertung in der Form von hartnäckigen Insuffizienzgefühlen, aber auch von Versündigungs- oder Verarmungswahn.

b) Umgekehrt: Eine vorwegnehmende und/oder kompensatorische

manische Selbstüberhöhung durch Reaktivierung des Größen-Selbst und durch "Überbordwerfen des Über-Ichs".

c) Unter Umständen Aggressivierung, Agitiertheit, Groll (agitierte Depression oder gereizte Manie).

d) Ausweichen in die Somatisierung durch Förderung (bei entsprechender körperlicher Disposition) einer schweren psychosomatischen Erkrankung wie zum Beispiel Colitis, Asthma etc.

e) Selbstmordgedanken oder auch vollendeter Suizid, um das Selbst vor dem drohenden totalen Selbstverlust zu "retten"!

Im Falle des *Schizophrenen* beobachtet man folgende Variationen:

a) Rückzug und totale Gleichgültigkeit dem Objekt gegenüber – allerdings in recht verschiedenen Abstufungen; von der scheinbaren Gleichgültigkeit eines Patienten bis zu regelrechtem Autismus.

b) Entwicklung einer wahnhaften Beziehung, sei es in Form des Beziehungswahns oder sogar auch des Verfolgungswahns. Letzterer dient nämlich nicht nur der Projektion der Aggression, sondern auch (vielleicht sogar in erster Linie), der Herstellung einer besonderen, unter den gegebenen Umständen der einzig möglichen Beziehung zu einem, wenn nicht liebenden, so doch hassenden und verfolgenden Objekt.

Dazu ein Beispiel:

Eine Patientin von mir, die über längere Zeit frei von psychotischer Symptomatik war, fühlte sich nach einer bestimmten Sitzung, in der ich tatsächlich etwas zurückhaltend war, von mir abgewiesen. Sie hatte das Gefühl, daß ihre positiven Gefühle nicht entsprechend von mir beantwortet werden. Sie entwickelte daraufhin etwas später, als sie einen Bekannten aufsuchte, für die Dauer von ein oder zwei Stunden einen Vergiftungswahn: Die Coca-Cola, die ihr vom Gastgeber angeboten wurde, hätte plötzlich einen komischen Geschmack gehabt. Die Patientin fühlte sich vergiftet. Bezeichnenderweise berichtete sie, daß sie während dieser kurzen mikropsychotischen Episode den Schmerz durch mein enttäuschendes Verhalten völlig "vergessen" hatte. Als die Vergiftungsidee verschwand, trat dieser seelische Schmerz wieder auf.

Auch akustische Halluzinationen, also "Stimmen", können eine ähnliche Funktion haben, und zwar ebenfalls sowohl als gutartige, "nette", oder aber auch als kritisierende, kommentierende "Stimmen".

c) Unter Umständen massive, sogar auch tätliche Aggression.

d) Ausweichen in eine schwere psychosomatische Erkrankung (bei entsprechender Prädisposition). Dazu wiederum ein Beispiel:

Eine im Laufe der Behandlung relativ symptomfrei gewordene Patientin von mir entwickelte während meines Urlaubs einen erneuten Schub ihrer Neurodermitis (es handelte sich um eine Patientin, die ihre *Patientenkarriere* mit einer schweren Neurodermitis begonnen hatte und die von einem gewissen Zeitpunkt an abwechselnd psychotische Episoden und neurodermitische Schübe entwickelte.

e) Suizidgedanken oder sogar Selbstmord, diesmal allerdings, um der Vernichtung der Existenz des Selbst zu "entgehen" und nicht so sehr, um den Selbstwertverlust zu vermeiden, wie bei der Depression.

Reaktionen bei Annäherung und Zuwendung

Was ich bis jetzt kurz skizziert habe, waren Variationen der Kompensierung einer vom Patienten subjektiv als *Abweisung* empfundenen Haltung des Objektes beziehungsweise des Therapeuten. Doch auch im gegenteiligen Fall, wenn es sich um (tatsächliche oder angebliche, also vom Patienten als solche nur subjektiv empfundene) starke *Zuwendung* und *Annäherung* seitens des Objektes oder des Therapeuten handelt, wird ebenfalls in beiden Fällen (bei Schizophrenie wie bei Depression) abgewehrt, wenn auch wiederum jeweils aus verschiedenen Gründen und mit verschiedenen Mitteln.

Beim Depressiven könnte eine uneingeschränkte Anerkennung und Zuwendung durch eine Bezugsperson oder durch den Therapeuten das bestehende labile intrapsychische Gleichgewicht (insbesondere in bezug auf das Selbstwertgefühl) ins Schwanken bringen, so paradox dies auch klingen mag.

So kam es gelegentlich beim Patienten O. dazu, daß eine positive Zuwendung seitens seiner Frau (die er im übrigen als abweisend und ihm überlegen empfand) zu einer regelrecht körperlich empfundenen Übelkeit und zu Brechreiz führte. Das wiederholte sich öfters in bezug auf die Person des Therapeuten, und zwar auch in der therapeutischen Stunde. Es konnte herausgearbeitet werden, daß diese merkwürdige körperliche Reaktion zwar selten auch darauf beruhte, daß die "positive Zuwendung" als unecht und somit schließlich als gefährlich, "giftig" empfunden wurde. In vielen anderen Fällen jedoch, wenn die Zuwendung als echt und gutgemeint erlebt wurde, konnte dieses Angebot ebenfalls vom Patienten nicht angenommen werden: Er würde dadurch seine gesamte, in jahrelanger innerer Arbeit aufgebaute (sogenannte masochistische[1]) Abwehr

1 Ich habe große Bedenken gegen den Terminus Masochismus, weil er

sabotieren und schwächen. Diese Gefahr und diese “Verführung” wurde also beim Patienten mit Hilfe der Somatisierung (Brechreiz) sofort abgewehrt. Die Herrschaft des strengen Über-Ichs (die durch die abweisende Ehefrau und den angeblich kritisierenden Therapeuten quasi real unterstützt und flankiert wurde) blieb somit erhalten, damit auch das Ausgleichen von Schuldgefühlen etc.

Bei der Schizophrenie wird die tatsächliche oder phantasierte Annäherung des Objektes (beziehungsweise des Therapeuten) noch abrupter und entschiedener zurückgewiesen, weil hier die Existenz des Selbst in Gefahr zu geraten scheint. Je kleiner die Distanz, desto größer die Anziehungskraft des Objektes und damit die Gefahr der Verschmelzung (oder aber vielleicht die Gefahr, zu einem späteren Zeitpunkt doch vom Objekt fallengelassen zu werden).

Daß sowohl *Abweisung* als auch *Zuwendung* (bei Schizophrenen wie auch bei Depressiven) als Gefahr empfunden und deswegen auch abgewehrt werden müssen, braucht uns nicht zu wundern. Der dahinter stehende Konflikt besteht ja gerade in dem simultanen Vorhandensein entgegengesetzter Strebungen, die sowohl bei den einen als auch bei den anderen nicht integriert werden konnten. Ich verzichte hier auf weitere Erläuterungen in bezug auf den Grundkonflikt des Schizophrenen und konzentriere mich nochmals auf den Depressiven beziehungsweise den Manisch-Depressiven.

Patient A. wollte es seinem Vater recht machen, versuchte ihn versöhnlich zu stimmen, um von ihm akzeptiert und in sein Leben einbezogen zu werden. Zu diesem Zweck entwickelte er ein Über-Ich, das in extremer Weise leistungsbezogen war und den Patienten lebenslang zu unendlichen Bemühungen um Erfolg und Anerkennung durch Vaterfiguren veranlaßt hatte. Auf der anderen Seite aber wurde diese Linie radikal durch einen Gegenwillen gekreuzt, nämlich durch eine autonome Tendenz gegen diese Unterwerfung, die im speziellen Fall unseres Patienten in bemerkenswerter Weise mit der Solidarität mit der Mutter gepaart war. – Eine Solidarität, die nicht nur aus der objektalen Beziehung zu der Mutter, sondern auch aus der erwähnten Autonomiebestrebung des Patienten gespeist wurde. Der geschilderte Gegensatz führte zu der *mühsamen Aussichtslosigkeit*, wobei er “mit Vollgas bei angezogenen Bremsen” mühevoll in seinem Leben voranschlich.

“Lustvolles” impliziert. Dagegen erscheint mir das Konzept eines Verarbeitungsmodus, der darin besteht, daß man Negatives hinnimmt, um noch Schlimmeres zu vermeiden, recht nützlich – dafür müßten wir einen neuen, unbesetzten Terminus finden (s. auch Anm. S. 98).

Beim Patienten O. verhielt es sich in gewisser Hinsicht ähnlich, in anderer jedoch umgekehrt. Dieser Patient fühlte sich dem depressiven, versteinerten, antriebslosen Vater sehr ähnlich. Er war sozusagen mit ihm identifiziert, was er bei sich aber gleichzeitig haßte. Er konnte jedoch nicht anders handeln: "Wenn ich diese Verbundenheit aufgeben würde, so hätte ich nichts mehr auf der Welt." Hier sieht man, wie zwingend notwendig und verhängnisvoll diese identifikatorische Bindung an das Objekt sein kann.

Identifiziert war dieser Patient mit seinem Vater. Anerkennung hatte er sich hingegen vorwiegend von der Mutter erwartet und dabei immer das Gegenteil erfahren. Einige der wesentlichsten Kernerinnerungen bezogen sich tatsächlich auf etliche seine Person betreffende negative Äußerungen der Mutter. Sie hätte sich während seiner Kindheit oft so verhalten, als würde sie sich seiner schämen. Zeitweise revoltierte er gegen die Mutter, andererseits wünschte er aber sehnlichst, von ihr akzeptiert, bejaht zu werden (ähnlich auch wie in der Beziehung zu seiner Frau, die er nicht nur als abwertend und ständig kritisierend, sondern auch als groß und stark empfunden hat).

Bipolarität versus Monopolarität des Depressiven – eine gewagte Vermutung

Bei dem Patienten A. handelt es sich um einen manisch-depressiven, also in der üblichen psychiatrischen Terminologie um einen "bipolaren" Patienten, der sowohl an manischen als auch an depressiven Phasen litt. Beim Patienten O. dagegen ging es um eine unipolare Depression. Er hat nie in seinem Leben eine manische Phase durchgemacht.

Warum produzieren einige Patienten sowohl depressive als auch manische Phasen, während andere oft nur depressiv werden? Hierzu gibt es von seiten der Psychiatrie viele mögliche Antworten, die insbesondere auf konstitutionelle, biologische Vorgänge und Hypothesen aufbauen. Man könnte aber die Frage stellen, ob nicht vom Psychodynamischen, vom Konflikt und von der Struktur her Hinweise und Beiträge zur Klärung und Beantwortung dieser Frage kommen können. Kann es nicht sein, daß der Patient A. diese Herrschaft des Über-Ich zeitweise, also während der manischen Phase, deswegen außer Kraft setzen *kann*, weil sein Über-Ich ein vom Vater stammendes ist, während der Patient O. dieselbe Umkehrung (also das Überbordwerfen des Über-Ich) im bei ihm herrschenden *mütterlichen* Über-Ich nicht ohne weiteres bewerkstelligen kann, und zwar deswegen, weil dieses mütterliche Über-Ich in einem weit größeren Umfang archaisch ist und seine Exkommunikation mit viel größeren Gefahren verbunden wäre. Das *Hinauskatapultieren* einer mit der Mutter verbundenen und deswegen noch mehr archaischen Über-Ich-Formation könnte ein bei weitem gefährlicheres Unternehmen darstellen: Das mit dieser Substruktur noch verbundene Objekt könnte bei solcher Aktion mit hinauskatapultiert werden mit dem Resultat der am meisten gefürchteten Gefahr der totalen Objektlosigkeit. Auf jeden Fall spricht für diese existentielle Gefährdung in einem solchen Fall einiges, so zum Beispiel auch folgende klinische Beobachtung:

Als der Patient O. mich zum ersten Mal nach jahrelanger Behandlung gleichsam "über Bord" werfen wollte, als dieser bis dahin überfreundliche und aggressionsgehemmte Mensch zu meinem Erstaunen zunehmend aggressiv wurde und eines Tages meinte, ich solle ihn endlich in Ruhe lassen, kam es dazu, daß er ziemlich plötzlich von meiner Person als "Gift" sprach, ein Gift, das der Patient regelrecht körperlich empfand. Ich hatte den Eindruck, daß er, obwohl depressiv, in ähnlicher Weise wie die oben erwähnte schizophrene Patientin mit der vergifteten Coca-Cola dabei war, angesichts der drohenden Objektlosigkeit, wenigstens ein verfolgendes Objekt zu "sichern". (Diese Konstellation übrigens könnte die Ansicht von *Guntrip* unterstützen, wonach die Depression der Versuch ist, das "Abrutschen" in die schizoide Position zu verhindern, was nach meiner Meinung einen gewissen Wahrheitskern enthält, aber als verallgemeinernde These nicht akzeptabel erscheint, weil die Depression einen selbständigen Platz unter den frühen Pathologien zu beanspruchen hat und nicht auf eine Abwehr der Schizophrenie reduziert werden darf). Noch einmal zu meiner Vermutung: Es könnte sein, daß man ein über-ich-haftes Mutter-Introjekt nicht so leicht und ungestraft durch einen manischen Umschwung hinauskatapultieren kann. Dabei könnte es ja passieren, daß man das Objekt im ganzen – und somit auch das Selbst – verliert. Also: *Lieber in der Depression bleiben, das heißt monopolar sein.*

Ich gebe zu, daß es sich um eine sehr gewagte Hypothese handelt, deren Nützlichkeit bei weiteren Fällen nachgeprüft werden müßte.

Eine Variation dieser Hypothese bietet sich bei der Beobachtung einer Bulimie an – bei Freßanfällen, auf die selbstinduziertes Erbrechen folgt: Eine junge Patientin mit einer endogenen Depression, die zeitweise in meiner Behandlung stand, sich gut besserte und nicht mehr wie früher öfters stationär behandelt werden mußte, entwickelte im weiteren – insgesamt positiven – Verlauf eine Bulimie.

Es gibt statistische Untersuchungen, die dafür sprechen, daß viele bulimische Patientinnen in der Vergangenheit an Depressionen gelitten haben. Man könnte sich vorstellen, daß dieses Syndrom eine Fortsetzung der Depression mit anderen Mitteln bedeutet, daß also der bulimische Anfall – auf einer tieferen als der hysterischen Symbolebene – der Darstellung einer gierigen, zerschneidenden und verschluckenden Introjektion des ambivalenten Objektes und seiner anschließenden Exkorporation, des Ausspuckens des unerträglichen Objekts, entspricht. Dabei dient offenbar gerade die psychosomatische Konkretisierung der (sonst schwer zu leistenden) Abgrenzung. Die Patientinnen können sozusagen nur das "Böse" (d.h. das dickmachende Essen) und nicht gleichzeitig die eigene Seele ausspucken. Der Vorgang wäre somit kontrollierbar. Nun ist es bemerkenswert, daß diese Patientin, bei der ich diesen Vorgang näher beobachten konnte, in ähnlicher Weise wie der Patient O. "monopolar" war, das heißt nur an Depressionen litt, und zweitens ihr Über-Ich von der die Familie beherrschenden Mutter übernommen hatte, während sie im übrigen (ebenfalls wie der Patient O.) mit dem eher weichen und untergebenen Vater identifiziert war.

Anders ausgedrückt: Die "Bulimie-Lösung" (Fressen und Ausspucken) scheint eine "bessere" zu sein als das Abrutschen in einen Vergiftungswahn. Der "böse" Anteil des Essens ist ein realistisches Teilobjekt, das konkret ausgespuckt werden kann (man kassiert sozusagen die Befriedigung beim Essen und spuckt das Dickmachen als "böse" aus). Freilich stellt dies keine endgültige Lösung dar. Sie bringt nur eine vorübergehende Erleichterung, die von bulimischen Patientinnen meistens auch angegeben wird, sofern dies nicht durch die verständlichen Schamgefühle überschattet wird. Da die Lösung eine nur scheinbare ist, muß sie auch immer wieder *in süchtiger Weise* wiederholt werden.

Das Problem des Depressiven und das des Schizophrenen

Depressiv wird, wer so stark am (nicht regelrecht internalisierten und assimilierten, weil ambivalenten) Objekt hängt, daß er es unmöglich aufgeben kann. Sein Konflikt besteht darin, daß er dieses Objekt, das er nicht aufgeben kann, auch nicht (nach stattgefundener Introjektion) in sich aufzubewahren vermag, ohne daß es ihn wertlos macht. Der Anschaulichkeit halber vergleiche man dazu die bulimische Lösung, bei der es symbolisch doch gelingt, dieses ambivalente (zwar gut schmeckende und sättigende, aber auch dickmachende) Objekt loszuwerden.

Der Schizophrene wiederum hat noch kein abgegrenztes, "ganzes" Objekt, von dem er sich hätte abhängig machen können. Wenn er das, was für ihn eine Art *werdendes Objekt* ist, in der akuten Psychose nicht nur aufgibt, sondern regelrecht hinauskatapultiert, so exkommuniziert er damit gleichzeitig die mit diesem (noch nicht vom Selbst getrennten) Objekt zusammenhängenden Selbstanteile. Aus diesem Grunde ist nicht, wie beim Depressiven, die drohende Wertlosigkeit, sondern der *Selbstverlust* sein Problem. Sein Konflikt ist: er kann weder mit, noch ohne Objekt als autonome Entität existieren.

Noch einmal zurück zur Depression, jetzt im Vergleich zu den psychosomatischen Störungen. Besteht nicht auch bei letzteren eine solche Abhängigkeit vom konkreten Objekt? Die Frage müssen wir bejahen. Der Unterschied besteht nur darin, daß es dem psychosomatischen Patienten gelingt, dieses Objekt in seinem Körper sowohl konkret abzugrenzen, aber auch in einem Zusammenhang mit ihm zu bleiben, es ist ja der eigene Körper.

Eine andere, über das Depressive oder Psychosomatische hinausgehende, "bessere" Lösung des Problems kann sein, daß eine konkrete Person oder konkrete Gegenstände, eine Ideologie, eine Organisation diese Funktion übernehmen. Dennoch ist eine solche Lösung, wie wir wissen, auch risikobehaftet, denn Enttäuschungen und Verluste bleiben nicht aus.

Schizophrener "Defekt" versus depressive Leere

Guntrip stützt seine Ansicht, die Depression sei nur ein Versuch der Vermeidung des "Abrutschens" in die paranoide Position, insbesondere auf die Tatsache, daß das Versagen dieses Versuches in die depressive Leere führe, die ihn ihrerseits an die schizophrene Leere und Verwüstung erinnert. Dennoch ist die schizophrene Versandung und Verwüstung etwas anderes als die depressive Leere. Die schizophrene Verwüstung beruht auf der (aus Abwehrgründen vorgenommenen) mehrfachen Spaltung, Zerkleinerung, Fragmentierung und Externalisierung des Intrapsychischen. Der Patient ist ein Trümmerfeld.

Die Welt des Depressiven ist in einem anderen Sinne *leer*. Sie ist leer von wertvollen Inhalten. Sie enthält nichts, wofür es sich lohnen würde zu leben. Wenn man so will, begegnet uns auch bei ihm eine "verbrannte Erde", aber mehr in dem Sinn, daß die gesamte innere und äußere Welt ihre Attraktivität und ihren Wert verloren hat. Dies ist zwar auch – wie bei der Schizophrenie – das Resultat einer Abwehrbewegung, diesmal aber nicht durch Spaltung und Externalisierung, sondern mittels Introjizierung des ambivalenten Objekts, die zu dem geschilderten Selbsthaß, zu Selbsterniedrigung, Selbstdemütigung führt.

Aggression in der Dynamik der Depression

Die psychoanalytische Literatur sieht den Kern des depressiven Konflikts darin, daß der Patient gerade das Objekt töten will, von dem er eigentlich abhängig ist. Ich meine dagegen, daß die Fokussierung unserer Depressionskonzepte um diesen Konflikt nur zum Teil berechtigt ist. Selbstverständlich nimmt in der Depression dieser Konflikt eine zentrale Rolle ein. Dennoch ist er erstens nicht für die Depression spezifisch (auch der Schizophrene, auch viele Neurotiker laufen Gefahr, sei es auch nur in der Phantasie, das Objekt töten zu wollen, das sie so bitter nötig haben). Zweitens erscheint es mir wichtig hervorzuheben, daß der aggressive Konflikt auch hier, wie überall, nicht ein primärer, sondern ein sekundärer ist, auch wenn er der wichtigste Konflikt sein mag. Den primären Konflikt möchte ich dagegen folgendermaßen formulieren:

Wie kann ich den Verlust meines Selbstwertgefühles verhindern,
a) wenn das Objekt böse und/oder enttäuschend ist,
b) wenn ich das eigentlich "gute" Objekt verliere (Objektverlust).

Die normale Lösung während der Entwicklung besteht in der schrittweisen Relativierung der absoluten Bedeutung des konkreten Objektes durch die Errichtung entsprechender intrapsychischer Strukturen (realitätsgerechtes Über-Ich sowie realistisches Selbst-Ideal und Ideal-Selbst). Die depressive Pseudolösung hingegen führt in eine Sackgasse: Die Pseudolösung besteht, salopp ausgedrückt darin: lieber ein böses als gar kein Objekt (in unserer noch schwerfälligen psychoanalytischen Terminologie heißt es: Es findet eine primitive Introjektion des nicht-assimilierbaren, ambivalenten Objekts statt, wodurch ein vorwiegend negatives Introjekt entsteht). Nun ist aber das "Schlechte" beziehungsweise das Böse ein Teil vom Selbst geworden, so daß der Konflikt bei der Depression zunehmend auch jene Form annimmt: Wie werde ich mit meinem Selbsthaß und mit meiner Selbstverachtung fertig – eine Konstellation, die viele klinische Symptome erklären kann, so zum Beispiel grausame Selbstverstümmelungen oder Selbsttötung einerseits oder aber auch einfach depressive Still-Legung, depressive Leere.

Die Herrschaft der Autodestruktion in der Melancholie ist trotz ihrer Schrecklichkeit kein Beweis für die Existenz eines Todestriebes (also einer primär vorgegebenen triebhaften Selbstdestruktivität, geschweige denn eines primären "Masochismus"). Die Autodestruktion in dieser extremen Form entspricht vielmehr einem tragischen Hineingeraten in eine Sackgasse, durch den verzweifelten Versuch, das Objekt für sich zu sichern, das man für seine Selbstwertschätzung absolut nötig hat.

Noch tragischer gestalten sich freilich die Folgen des *schizophrenen* Versuches, das Objekt, das man bitter nötig hat, für sich zu retten: Dieser verzweifelte Versuch entwickelt sich hier nicht über die Introjektion wie bei der Depression, sondern über die Projektion und projektive Identifikation. Diese paradox anmutende Formulierung (denn wie kann Projektion eine Beziehung stiften oder retten?), muß ich kurz erläutern: Der Schizophrene projiziert nicht, um sich seines enormen, angeblich angeborenen Aggressionspotentials zu entledigen, wie viele, zum Beispiel auch *Melanie Klein*, glauben. Das würde nämlich nicht erklären, wieso es bei den Wahnbildungen keineswegs immer nur um "Verfolgungen" geht. Im Beziehungswahn zum Beispiel steht das Interessiertsein der "Beobachter" im Erleben des Patienten mehr im Vordergrund und im Liebeswahn werden sogar dem anderen positive Gefühle und überwältigende Verliebtheit unterstellt. Eine adäquate Theorie des Wahns muß in der Lage sein, alle diese Arten von Wahnbildungen, von Projektionen und projektiven Identifikationen einheitlich zu erfassen. Und dies leistet nur die durch viele klinische Beobachtungen unterstützte Annahme, daß es auch hier um den verzweifelten Versuch geht, eine Art Beziehung herzustellen oder zu erhalten. Beim Beziehungswahn oder dem Liebeswahn geht es um die Illusion einer besonders stärkenden und beglückenden Beziehung. Im Falle des Verfolgungswahns immer auch um eine Beziehung, sei es auch negativer Art, nämlich diejenige zwischen Verfolger und Verfolgtem. Wie ich an anderer Stelle ausführlicher dargestellt habe (*Mentzos*, 1988), zwingt die *Gefährlichkeit* der großen Nähe des Objektes eben zu solchem Kompromiß.

Also auch hier, bei den schizophrenen Wahnbildungen, geht es nicht um Abwehr einer primär vorgegebenen Aggression und auch nicht *nur* um die Distanzierung vom – gefährlichen, weil attraktiven – Objekt, sondern auch um den Versuch einer Kompromißbildung, mit dem Ziel, eine Art Beziehung zum Objekt aufrechtzuerhalten, trotz extrem schwieriger Voraussetzungen und großer Gefahren.

Psychotische, neurotische und reaktive Depressionen

In der psychiatrischen und psychotherapeutischen Praxis macht man oft die bemerkenswerte Feststellung, daß verschiedene Menschen auf belastende Ereignisse sehr unterschiedlich reagieren. Dies gilt insbesondere für die Depressionen. So erlebt man häufig, daß ein "Objektverlust" (dies kann der Tod einer nahestehenden Person sein oder ein narzißtisch kränkender beruflicher Mißerfolg, ein negatives Gerichtsurteil, eine Ehekrise oder das Verlassenwerden durch den Partner) von dem einen mit einer einfachen, vorübergehenden Trauerreaktion, von einem anderen mit einer längerdauernden reaktiven Depression, von einem dritten mit einer im Anschluß an dieses Ereignis beginnenden langjährigen neurotischen Depression, bei einem vierten schließlich mit einer depressiven oder – was das Erstaunliche ist – mit einer manischen Psychose beantwortet wird. Daß durch ein solches Ereignis eine manische Psychose ausgelöst wird, ist keine zufällige Koinzidenz; das läßt sich durch klinisches Material belegen. So hat der an dritter Stelle kurz geschilderte Patient E. *alle* seine manischen Phasen im Anschluß an schwere Verluste oder eine Niederlage auf dem sozialen Feld gehabt.

Die Frage, warum auf das jeweils ähnlich belastende Ereignis so unterschiedlich reagiert wird, beantwortet man üblicherweise mit der zwar richtigen, aber zu allgemeinen und wenig aufschlußreichen Feststellung, es handele sich wohl um jeweils unterschiedliche Prädispositionen. Wir geben uns heute mit dieser unspezifischen Antwort nicht zufrieden und versuchen, diese Reaktion unterschiedlich spezifischer zu bestimmen und sie nicht nur tautologisch zu definieren (neurotisch-depressiv werde derjenige, der eine Disposition zur neurotischen Depression habe).

Dies ist freilich kein einfaches Unternehmen. Insbesondere die Unterscheidung zwischen psychotischer und neurotischer Depression bietet erhebliche Schwierigkeiten. Das hängt damit zusammen, daß Schuldproblematik, Entwertungs-, Selbstentmündigungs- und Insuffizienz-Tendenzen, die "masochistische" Komponente, bei beiden vorkommen. Phänomenologisch erscheint uns also zunächst der Unterschied als ein nur *quantitativer*: der Neurotisch-Depressive verwickele sich zwar auch in eine unentwirrbare Schuldproblematik und im Insuffizienzgefühl, er zeige jedoch keinen Versündigungswahn. Seine Bedrückung, seine depressive Verstimmung, seine Hemmungen und seine Antriebslosigkeit halten sich in Grenzen. Erst eine psychodynamische Betrachtungsweise erlaubt uns, eine bessere, auch *qualitative* Differenzierung vorzunehmen. Dabei stellen wir fest, daß der Unterschied nicht in der Art des Konfliktes besteht (der in etwa der gleiche ist), sondern im Verarbeitungsmodus und insbesondere in der Beschaffenheit des Ich.

Die zu einer neurotischen Depression prädisponierten Menschen haben offensichtlich eine Internalisierung (wenn auch nicht Assimilation) des "guten Objektes", das heißt eine gewisse Objektkonstanz erreicht. Deswegen findet bei ihnen im Notfall (Eintreten des die narzißtische Homöostase erschütternden belastenden Ereignisses) *keine* grobe, abrupte, pathologische *Introjektion* des ambivalenten Objektes statt. Das Objekt, obwohl noch stark ambivalent, ist also besser internalisiert und gleichzeitig auch abgegrenzt, es kann deswegen auch gefahrlos (zum Zweck der Entlastung des Patienten) auf *reale* Bezugspersonen der Umgebung des Patienten projiziert werden (projiziert wird freilich nur der "böse" Anteil dieses Objektes). Es kann also projiziert oder real angeklagt werden. In diesem Zusammenhang erinnere ich an die dazu passende alte psychiatrische differentialdiagnostische Regel: je mehr sich der "kritische Zeigefinger" des Depressiven nach außen (und nicht nach innen) richtet, desto größer ist die Wahrscheinlichkeit, daß es sich um eine neurotische und nicht um eine endogene Depression handelt.

Damit zusammen hängt auch ein zweites Unterscheidungskriterium. Es bezieht sich auf die jeweils unterschiedliche Ausformung der masochistischen Verarbeitung des Konfliktes[2]. Die Erfahrung

---

2 Der sinnvolle Anteil des Konzeptes von einem moralischen Masochismus besteht darin: Viel Leid und Schmerz und Schuld in Kauf und auf sich zu nehmen, um – selbstverständlich unbewußt – das Über-Ich, um die Eltern zu beschwichtigen, zu versöhnen, also wie ich es ausdrücke, um das belastete "Über-Ich-Konto" zu entlasten. Diese Entlastung, und im Falle des Sexualmasochismus auch die erst unter diesen Bedingungen mögliche sexuelle Lust, bringen den *masochistischen Gewinn* zustande.

Definiert man den Masochismus in dieser vorsichtigen Weise, so kann man tatsächlich davon ausgehen, daß masochistische Mechanismen in der Dynamik der Depression konstitutiv sind.

zeigt, daß es dem Neurotisch-Depressiven eher gelingt, den "masochistischen" Mechanismus (der bei beiden, sowohl in der Neurose wie auch in der Psychose, auszumachen ist) der Realität anzupassen. Durch Manipulationen der Realität gelingt es, bis zu einem gewissen Grad, ein tatsächliches, ein reales Leiden vorweisen zu können, wodurch dem Patienten die unrealistische, massive Selbstanklage erspart bleibt. Ich habe öfters festgestellt, daß der Neurotisch-Depressive unbewußt seinen Partner so wählt, daß er tatsächlich unter diesem Partner zu leiden hat; oder, wenn dies nicht so ganz zutrifft, phantasiert der Patient – ebenfalls unbewußt – sich und die Welt, sein Schicksal, seine Biographie, seine Eltern solcherart, daß er sich mit Recht als Leidender empfindet. Die neurotisch-depressive, "masochistische" Konstruktion ist also hier relativ realistisch aufgebaut. Sie beruht zum großen Teil auf realem, tatsächlich in der Vergangenheit und Gegenwart erlittenem Leid, oder es wird vom Patienten zumindest subjektiv so empfunden.

Um einem Mißverständnis vorzubeugen: Es geht hier überhaupt nicht darum, ob der Patient tatsächlich gelitten hat und tatsächlich schlecht behandelt worden ist; dies trifft mehr oder weniger in dieser oder anderer Weise immer zu. Es geht nur darum, inwieweit dieses Leiden in der Auseinandersetzung mit einem strengen Über-Ich, also mit einem Übermaß an Schuldgefühlen, sozusagen in die Waage geworfen wird, um eine gewisse Erleichterung und Entlastung zu ermöglichen.

Diese depressiv-neurotische, unbewußte Herstellung des sogenannten masochistischen Gleichgewichts in der geschilderten Form stellt eine relativ gute Ich-Leistung dar, weil es keine grobe Realitätsverfälschung oder Beeinträchtigung der Realitätsprüfung impliziert (wie in der depressiven Psychose). Diese Leistung ist aber auch nur deswegen möglich, weil der neurotisch depressive Patient zum Teil ein *relativ internalisiertes* und ebenfalls *relativ konstantes* Objekt besitzt (es bestehen bessere strukturelle Voraussetzungen bei ihm als bei dem psychotisch reagierenden Depressiven).[3]

3 Der Begriff der depressiven *Psychose* ist unter Psychoanalytikern nicht unbestritten. Französische Psychoanalytiker haben gegen die Annahme einer depressiven *Psychose* den zunächst berechtigt erscheinenden Einwand erhoben, depressive Störungen, auch wenn sie schwer sind, seien noch keine Psychosen, weil der Patient einen Kontakt zu einem Objekt immerhin aufrechterhalten kann. Einer solchen Argumentation möchte ich entgegensetzen: Man kann nicht davon ausgehen, daß der Schizophrene überhaupt keinen Kontakt zum Objekt habe, sei es auch, daß er nur zu grob pathologi-

Neurotische Depressionen sind noch keine Psychosen. Die endogenen depressiven und manisch-depressiven Störungen sind es jedoch, weil sie auf dem Hintergrund der beschriebenen groben Pathologie der Selbstwertgefühlsregulation entstehen und auch eine Beeinträchtigung der Realitätsprüfung implizieren – zumindest in bezug auf die innere psychische Realität.

Die skizzierten Überlegungen erlauben uns auch eine psychodynamische Definition der *reaktiven Depressionen*: Hier kommt es zwar auch (durch einen Objektverlust oder durch die Enttäuschung seitens eines geschätzten Objektes) zu einer Erschütterung der narzißtischen Homöostase. Diese beruht aber nur darauf, daß eine gewisse, üblicherweise von außen kommende narzißtische Zufuhr ausfällt. Diese Zufuhr ist aber auch bei relativ gut entwickelter Selbstwertgefühlsregulation allgemein unerläßlich. Die durch den Verlust oder die Enttäuschung entstehende narzißtische Erschütterung beruht also im Falle der einfachen reaktiven Depression nicht auf einer gestörten Entwicklung und Reifung von Ideal-Selbst und Über-Ich (wie bei der neurotischen und der psychotischen Depression), sondern einfach nur auf dem plötzlichen Ausfall dieser äußeren narzißtischen Zufuhr. Deswegen wird auch die reaktive Depression nicht durch die Mobilisierung einer Schuldproblematik verkompliziert. Meist gelingt es auch, diese unkomplizierte narzißtische Erschütterung der reaktiven Depression durch die Mobilisierung anderer Ressourcen auszugleichen. Die reaktive Depression bildet sich meist bald zurück.

---

schen Beziehungen fähig ist. Überhaupt könnte man die Psychosen als den letzten verzweifelten Versuch verstehen, die Objektlosigkeit abzuwenden.

Auch die Objektbeziehungen, zu denen der Psychotisch-Depressive bzw. Manisch-Depressive fähig ist, sind wohl ebenfalls eindeutig grob pathologisch.

Aus diesen zwei Gründen erscheint es mir nicht sinnvoll, psychotisch oder nicht psychotisch aufgrund des Kriteriums *Objektbezogenheit* und *-fähigkeit* zu definieren. In Übereinstimmung mit der psychiatrischen und psychoanalytischen Tradition würde ich vorschlagen, daß wir weiterhin Psychosen aufgrund der strukturellen Beschaffenheit des Ich (Selbst) definieren bzw. aufgrund der Art der mobilisierten (unreifen, relativ primitiven) Abwehrmechanismen, und nicht aufgrund der prinzipiellen Fähigkeit zur Beziehungsaufnahme.

Exkurs 1: Der biologische Faktor

Ich habe bis jetzt die depressiven und manisch-depressiven Erkrankungen so geschildert und analysiert, als ob es sich bei ihnen nur um rein psychologisch verstehbare Vorgänge handeln würde. Ich habe mich also so verhalten, als ob die statistisch gesicherten Zusammenhänge zwischen Depression und hormonellen Veränderungen gar nicht existieren, die deutlichen Anzeichen eines erblichen Faktors, die positive Wirkung von Antidepressiva, die Ergebnisse der neurobiochemischen Forschung der letzten Jahrzehnte, die nachgewiesene Bedeutung von Biorhythmen, die jahreszeitlichen Zusammenhänge, die medikamentös induzierten Depressionen, die oft verblüffende Periodizität. Ich sehe mich jetzt vor der schwierigen Aufgabe, ein zusätzliches Modell auszubreiten, das in der Lage ist, unsere psychodynamischen Hypothesen mit den offensichtlichen biologischen Faktoren zu integrieren. Ich meine, daß das prinzipiell möglich ist.

Es gibt mehrere Denkmöglichkeiten. Man könnte zum Beispiel von der Hypothese ausgehen, daß der biologische Faktor eine direkte Beeinträchtigung der *Grundstimmung* bewirkt, und zwar über die Veränderung der Funktion neuronaler Synapsen bei entsprechenden Gehirnstrukturen (z.B. des limbischen Systems). Dadurch (also durch die in dieser Weise entstehenden Ver-Stimmungen) käme es dann indirekt zu einer Beeinträchtigung der narzißtischen Homöostase (die sicher von unserer Grundstimmung abhängig ist) und konsequenterweise zur Auslösung der oben beschriebenen Abwehr und kompensatorischen Mechanismen.

Dies wäre ein durchaus denkbares somatopsychisch-psychosomatisches Modell der Depression und des Manisch-Depressiven. Mit seiner Hilfe könnte man sogar die verschiedenen, in der Klinik vorkommenden Formen dieser Erkrankungen unter einem übergeordneten Gesichtspunkt erfassen. Bei Menschen mit einer harmonischen Entwicklung und einer daraus entstehenden stabilen Selbstwertregulation (inkl. Objektkonstanz und assimiliertem guten Objekt) führte das Auftreten einer solchen biologischen Beeinträchtigung der Grundstimmung zu allenfalls leichten Grundstimmungsschwankungen, die im Herbst oder im Frühling deutlich werden und eine relativ geringe Beeinträchtigung der habituellen Erlebnis- und Verhaltensweisen, aber keine eigentliche Behandlungsbedürftigkeit mit sich bringen. Anders bei Menschen, die eine labile narzißtische Selbstwertregulation haben, die über eine ungenügende Objektkonstanz verfügen, die kein gut internalisiertes, geschweige assimiliertes Objekt besitzen. Hier führten dann diese primär biologischen Veränderungen des Gestimmtseins und des Wohlbefindens zu mehr oder weniger dramatischen Krisen, die in der beschriebenen Weise erlebt und abgewehrt werden. Möglich ist zusätzlich auch, daß die sich wiederholenden Krisen und Erkrankungen zu einer immer stärkeren Sensibilisierung führen; es kommt zur Bahnung von Reaktionen und zur Verfestigung pathologischer Muster.

Eine zweite Denkmöglichkeit besteht in der Annahme, daß es sich nicht um eine somatopsychisch-psychosomatische, sondern um eine rein psychogene (oder höchstens psychosomatische), Erkrankung handelt, die dadurch zustande zustande kommt, daß langanhaltende emotionelle Spannungen schließlich zu bleibenden funktionellen oder sogar somatischen Veränderungen im Nervensystem führen. Eine solche Hypothese ist im Hinblick auf die in den letzten Jahren empirisch bestätigten Möglichkeiten einer erworbenen Beeinträchtigung der Entwicklung des Nervensystems durch das Erlebte keineswegs so abwegig. Der biologische Faktor wäre hier also sekundär beziehungsweise de facto psychogen. Ich glaube nicht, daß wir heute zwischen diesen Alternativen entscheiden können, obwohl die Hinweise für eine erbliche biologische Komponente eher für die erste Alternative sprechen. Wichtig erscheint mir nur, daß unabhängig davon, welche dieser Hypothesen stimmt, der psychodynamische Faktor sowohl in dem einen als auch in dem anderen Fall eine erhebliche Rolle spielt und daß die Psychose nicht nach den Kriterien *somatogen* oder *nicht somatogen*, sondern rein klinisch-dynamisch diagnostiziert werden muß. Ich gehe soweit zu behaupten, daß auch für den unwahrscheinlichen Fall, daß keine der genannten Hypothesen bestätigt werden sollte, und daß es sich um eine rein körperliche Erkrankung handelt, mir therapeutische Versuche trotzdem sinnvoll erscheinen, wie dies auch der Fall bei eindeutig hirnorganischen Erkrankungen ist (z.B. psychotherapeutische Begleitung des hirnorganisch veränderten Patienten). Umso mehr möchte ich die Notwendigkeit der psychotherapeutischen Behandlung depressiver Erkrankungen unterstreichen, und zwar gerade jetzt, da eigentlich alles dafür spricht, daß ein großer Teil schon der Ätiologie und insbesondere der Pathogenese und der Psychodynamik erst mit Hilfe der Annahme psychosozialer Faktoren verständlich werden. Zwar bedeutet die Tatsache, daß eine Störung zu einem großen Teil psychologisch ableitbar ist, noch keineswegs, daß sie auch psychotherapeutisch beeinflußbar ist. Unsere Erfahrungen sprechen aber dafür, daß sogar die schwersten unter diesen Erkrankungen, also die Melancholie und die manisch-depressiven Psychosen, psychotherapeutisch positiv beeinflußt werden können.

Exkurs 2: Einige zusätzliche Bemerkungen zur Therapie

So wie die Behandlung von Schizophrenen, stößt auch die der manisch-depressiven Patienten auf erhebliche Schwierigkeiten. Unsere therapeutischen Bemühungen kommen früher oder später wegen bestimmter, fast antinomisch erscheinender Konstellationen unter Umständen zum Erliegen. Sie sind ähnlich, aber nicht identisch mit jenen bei der Schizophrenie. Der Schizophrene erlaubt uns nicht, daß wir, von außen kommend, ihm helfen, denn dies würde voraussetzen, daß er uns als das "selbständig Andere" anerkennt. Gerade das stellt aber seine narzißtisch aufgebaute Abwehr in Frage. So etwas wie ein von ihm unabhängiges, liebendes und geliebtes Objekt, das ihm helfen kann, darf nicht existieren. Er hat nun einmal das Objekt aus seinem Herzen herausgerissen und er kann nicht ohne weiteres das Risiko eingehen, es wieder hereinzulassen, obwohl dies eigentlich sein sehnlichster Wunsch ist.

Ähnliches, aber auf einem anderen Hintergrund, geschieht auch beim Depressiven oder Manisch-Depressiven. Er darf uns ebenfalls nicht als ihn positiv bejahend akzeptieren. Er darf ja auch kein wohlwollendes, ihn bejahendes Über-Ich besitzen. Er darf dies alles nicht, weil seine gesamte Abwehr auf einer "Außen- und Innenpolitik" basiert, die das Objekt idealisiert und sich selbst erniedrigt und demütigt. Er hat die Erfahrung gemacht, daß er dadurch eine gerade noch erträgliche und relativ stabile Selbstwertgefühlsregulation errichten kann, wenn auch auf einem sehr anstrengenden Weg und in einer sehr mühsamen Art. Die auf diese Weise erreichte Selbstwertgefühlsregulation konnte ihn aber immerhin über Jahre hindurch vor katastrophalen Krisen bewahren. Vergeblich versucht deswegen der Therapeut einen solchen Patienten davon zu überzeugen, daß er doch ein wertvoller Mensch sei und immerhin einiges in seinem Leben geschafft hätte. Der Patient weist solche Einschätzungen zurück und bringt immer neue Argumente für seine Insuffizienz und seine Sündhaftigkeit. Diese Dispute zwischen Therapeut und Patient bekommen manchmal fast groteske Ausmaße. So im Falle einer jungen Griechin (Tochter eines Gastarbeiters), die das deutsche Abitur hervorragend absolviert hatte und zum Medizinstudium zugelassen wurde, die jedoch behauptete, dies alles hätte sie "aus Versehen" geschafft, in Wirklichkeit sei sie dumm, unfähig, faul, unentschlossen. Diese Haltung der Patientin erscheint nicht mehr so abstrus, wenn man sich die oben geschilderte Notwendigkeit zur Aufrechterhaltung dieser Konstruktion vor Augen hält. Wir können hier nicht auf die technischen Einzelheiten unserer therapeutischen Versuche eingehen, diese Schwierigkeiten zu überwinden. Zentral scheint immerhin der Umstand, daß innerhalb einer längeren therapeutischen Beziehung der Patient die Möglichkeit erhält, mit seinen (Übertragungs-) "Eltern" und mit seinem Über-Ich anders als bis dahin umzugehen und allmählich auch *alternative* Selbstwertregulationen ausprobiert und auch außerhalb der Therapie zu erproben beginnt. Therapeutisch wirksam scheinen hier nicht so sehr die Deutung der genannten Prozesse, sondern die neuen Erfahrungen zu sein, die der Patient macht.

Exkurs 3: Die Beziehung des dargestellten Modells zu den Begriffen der Symbiose und der Oralität

Die beiden Begriffe, Symbiose und Oralität, haben einen zentralen Stellenwert in den Ausführungen vieler psychoanalytischer Autoren, die sich mit der Psychodynamik der Depression beschäftigt haben. Sie sind aber von mir bis jetzt nur indirekt angesprochen worden. Dies geschah keineswegs aus der Überzeugung, daß diese Aspekte zu vernachlässigen wären.

Symbiose

Margaret Mahler bringt die Depression mit einer Fixierung in der symbiotischen Phase in Zusammenhang. Ich vermute, daß die von ihr gemeinten Depressionen zu einem großen Teil zu der besonderen Gruppe der *anaklitischen Depression* gehören. Dies ist die Depression des vernachlässigten, hospitalisierten Säuglings, die Depression des von der Mutter getrennten Kleinstkindes, die keineswegs seltene Depression des Erwachsenen, der sich vernachlässigt und alleingelassen fühlt. Es sind also Depressionen, die wenig mit Größenselbst und Über-Ich zu tun haben. Es empfiehlt sich aus diesem Grund, diese Gruppe von Depressionen, die sich deutlich von der eigentlichen Melancholie unterscheiden, als eine besondere Art von Depressionen zu betrachten. Der depressive Affekt allerdings signalisiert auch hier diesen extrem unangenehmen intrapsychischen Stillstand (der sich hier über einen anderen Weg als bei der neurotischen Depression und der Melancholie entwickelt).

Oralität

Wenn ich von der zentralen Bedeutung introjektiver Prozesse in der Depression spreche, so impliziert dies auch eine Hervorhebung der Bedeutung der oralen Modalität ("Bekommen" und "Nehmen"). Introjektion als psychische Funktion entwickelt sich aus der Inkorporation, sie kann sich auch zu ihr zurückentwickeln. Beim ganz kleinen Kind, eben in der oralen Phase, sind narzißtische Zufuhr und Nahrungszufuhr nicht voneinander zu trennen. Dazu paßt auch die Tatsache, daß wir sehr gut ein regressives Zurückgreifen auf *orale Ersatzbefriedigung im Falle einer narzißtischen Kränkung* kennen. Schon das kleine Kind steckt in solchen Situationen den Daumen in den Mund (mancher Erwachsene tut dasselbe mit der Zigarette). Was später narzißtische Zufuhr heißt, steht in den frühesten Entwicklungsstadien mit der Fütterung in Verbindung. In späteren Entwicklungsstadien wiederum finden wir eine Verbindung zwischen oraler Befriedigung und Über-Ich. Verzicht auf orale Befriedigung (ritualisiertes *Fasten* zum Beispiel) nimmt schon im normalen Bereich, etwa bei religiösen Sitten, einen großen Raum ein. Man kann offenbar Schuldgefühle durch Fasten aufwiegen. Als Anerkennung und Belohnung für das Fasten wird einiges verziehen (von den idealisierten Eltern oder durch Gott). Umso mehr gilt dieses bemerkenswerte Verhältnis bei Patienten mit Eßstörungen. Eine *magersüchtige* Frau, die bei mir in Behandlung war, zeigte sich oft sehr stolz auf ihr Nichtessen. Sie fühlte sich dadurch narzißtisch aufgewertet und betrachtete auf der Station verächtlich die dicken Frauen, die jeden Nachmittag ihre Torte mit Sahne verschlangen. Dieselbe Patientin geriet nach Abklingen der magersüchtigen Symptomatik vorübergehend in eine Depression.

Bei der *Adipositas* dagegen geht es auch um die Vermeidung der Depression, allerdings hier umgekehrt über die orale Kompensation. Wahrscheinlich handelt es sich hier auch oft um anaklitische Depressionen. Die autodestruktiven Aspekte des Dickwerdens könnten allerdings, wenn auch versteckt, Komponenten einer Schuldproblematik und Selbstbestrafung enthalten.

Die *Bulimie* geht einen Schritt weiter, in dem sie die Nachteile der Inkorporation durch die massive Exkorporation "wiedergutmacht" und womöglich auch eine regelrechte depressive Psychose ersetzt oder verhindert. Der Psychoanalytiker *Seidel* (Hamburg, persönliche Mitteilung) meint, daß der bei depressiven Patienten fast regelmäßig auftauchende Anspruch auf Zuwendung, Hilfe, Gratifikationen, damit zusammenhängen könnte, daß die bis dahin abgewehrte *orale Gier* allmählich manifest wird. Man hat dann das Gefühl, vom Patienten aufgefressen zu werden. Insgesamt sehe ich also keinen Widerspruch zwischen dem Konzept der Oralität (und den damit erfaßten immensen Erfahrungen von Generationen von Analytikern) und den von mir betonten selbstpsychologischen Gesichtspunkten der Depression, weil in den frühen Stadien der Selbstentwicklung narzißtische Zufuhr mit oraler Befriedigung wenigstens zum Teil zusammenfällt.

VI

Persönlichkeitsstörungen

Psychodynamische und psychoanalytische Aspekte

Was Persönlichkeitsstörung (*personality disorder* im DSM) beinhaltet, ist, wie auch *Tölle* hervorhebt, unklar: "Es handelt sich nicht nur um ein neues Wort, das die pejorative Bezeichnung *Psychopathie* ersetzen soll. Persönlichkeitsstörung, die wörtliche Übersetzung von Personality Disorder, meint eine Konzeption, die von der traditionellen Psychopathielehre zum Teil erheblich abweicht. Sie umfaßt außer den sogenannten abnormen oder psychopathischen Persönlichkeiten charakterneurotische Störungen. Manche Autoren zählen sogar Wesensveränderungen bei Epilepsie und organischen Psychosen sowie Persönlichkeitsänderungen nach schizophrenen und affektiven Psychosen hierzu" (S. 153).

Ist aber, gerade wenn man dieses weite Spektrum betrachtet, "Persönlichkeitsstörung" überhaupt eine selbständige psychiatrische Diagnose? Stellt sie vielleicht nur eine Dimension, also die Persönlichkeitsdimension neben einer Krankheits- oder Syndromdiagnose dar? Aber auch wenn dies zutreffen sollte (Beispiel: depressive Psychose bei primär asthenischer oder primär anankastischer Persönlichkeit) stellt sich noch die Frage, ob es sich hier nur um ein bloß additives Verhältnis (z.B.: primäre anankastische Persönlichkeitsstörung *plus* Psychose) oder vielmehr um einen tiefergehenden, dynamischen oder sogar genetischen oder entwicklungspsychologischen Zusammenhang handelt.

Um diese Fragen zu beantworten, müssen wir die psychodynamische Betrachtungsweise bemühen. Wie es dann aber im einzelnen aussieht, welche psychodynamischen Konstellationen welchen deskriptiven Bildern und welchen Entwicklungsstörungen und Konflikten, welchen symptomatologisch definierbaren Erkrankungen und/oder welchen sogenannten Persönlichkeitsstörungen entsprächen, ist auch recht kompliziert und verwirrend. Am einfachsten hat man es noch bei den anankastischen und bei den hysterischen Persönlichkeitsstörungen, die man psychodynamisch als *Charakter-*

neurosen erfassen könnte. Jedoch nicht alles, bei weitem nicht alles, was mit Persönlichkeitsstörung gemeint ist, kann als Charakter*neurose* oder überhaupt als Neurose begriffen werden. Im Gegenteil, das Gros der sogenannten Persönlichkeitsstörungen liegt in jenem schwer definierbaren Bereich der *nicht neurotischen*, aber auch *noch nicht psychotischen* Störungen.

S.O. Hoffmann hat sich in seiner Monografie über Charakter und Neurose (1979) intensiv mit der Problematik der Beziehung der beiden Begriffe beschäftigt. Er stellt sich gegen den in den 60er und 70er Jahren besonders in den USA verbreiteten Trend, Neurose und Psychopathie einfach gleichzusetzen und stimmt dabei der gleichsinnigen Kritik von *Kuiper* zu: "Neurose und Psychopathie mögen viel Gemeinsames haben", schreibt *Kuiper*, "aber jemand, der seine Konflikte auslebt, der triebhafte Handlungen ausführt, der agiert, der Störungen in seinen Ich-Funktionen und eine defiziente Über-Ich-Funktion hat, der unterscheidet sich von einem gehemmten Neurotiker, wie weit auch immer die Konflikte des Neurotikers und des Psychopathen von einem einzigen Standpunkt aus betrachtet werden können".

Ich werde zeigen, daß diese richtige Kritik und Stellungnahme zwar der unberechtigten Gleichsetzung von Psychopathie und Charakterneurose ein Ende macht, daß sie aber noch nicht den eigentlichen psychodynamischen Unterschied systematisch erfaßt. Bevor ich mich mit den Schwierigkeiten beim psychodynamischen Verständnis der "Persönlichkeitsstörungen" befasse, möchte ich aber kurz zeigen, daß es auch bei der psychiatrischen, deskriptiven Einordnung und Klassifikation noch unübersichtlicher aussieht.

Die von verschiedenen Autoren, von *Kurt Schneider* bis zum DSM III, vorgeschlagenen Kategorien auf der deskriptiven Ebene sind in etwa bekannt:

- hyperthyme (oder cyclothyme),
- fanatische,
- paranoide,
- schizoide,
- schizotypale (zwischen Psychose und Borderline),
- geltungssüchtige – hysterische, histrionische,
- selbstunsichere,
- asthenische,
- phobisch vermeidende (avoidant),
- anankastische (compulsive),

- erregbare (explosive),
- soziopathische (anti- oder dissoziale, psychopathische im engeren Sinne) Persönlichkeit.

Ich berichte kurz über zwei konkrete Fälle, um danach zu fragen, ob und wie wir diese Fälle aufgrund dieses klassifikatorischen Systems deskriptiv einzuordnen haben.

Der Patient D.

Bezeichnenderweise kann man diesen Patienten nicht kurz, mit drei oder vier Wörtern charakterisieren, denn bei ihm handelt es sich um einen tüchtigen, gewissenhaften, anankastischen, aber gleichzeitig auch stark fanatischen, erregbaren und leicht perversen Mann, der doch rührend für die Familie sorgt und letztlich auch "nett", verbindlich und manchmal sogar sympathisch war.

Der ca. 50jährige höhere Angestellte einer Versicherungsgesellschaft suchte mich auf, weil er das Gefühl hatte, er würde bald buchstäblich explodieren. Er sei im Betrieb so oft – wie er meinte zu Recht – wütend und so massiv über Schlampereien, Zurückstellungen seiner Person bei Beförderungen etc. verärgert, daß er Angst habe, er könnte bald jemanden umbringen. Schon bei der Schilderung geriet Herr D. in größte Erregung. Er konnte sich dabei aber trotzdem einer sehr korrekten, druckreifen und überpräzisen Sprache bedienen. Die Mischung zwischen Erregbarkeit und anankastischer Perfektion, zwischen Bemühung um Gerechtigkeit und kaum beherrschbarer narzißtischer Wut, war bemerkenswert.

Ich habe dem Patienten keine psychoanalytische Behandlung angeboten (zumal ich zu dem damaligen Zeitpunkt keinen Therapieplatz hatte und auch er selbst dazu nicht motiviert und auch zeitlich nicht in der Lage gewesen wäre), aber auch aus anderen prinzipiellen Gründen. Ich sah ihn stattdessen in längeren Abständen zu Gesprächen, bei denen er Wut abließ, dabei mein ausgewogenes Interesse zu schätzen wußte, und, wie er sagte, für die nächsten Wochen wieder mal ruhiger wurde. Dies ging jahrelang so, wobei ich ihn 8 bis 10 mal jährlich sah.

Diese eigenartige Behandlung (sie war eine Art psychodynamische Therapie nach *Annemarie Dührssen*) war in gewisser Hinsicht erfolgreich. Der Patient lernte sich allmählich selbst besser kennen, seine Erregbarkeit und der Fanatismus wurden gemildert, er konnte ohne Zwischenfälle seinen beruflichen Alltag, aber auch sein Familienleben fortführen. Auch die leichten Depressionen bildeten sich zurück – sie waren der eigentliche Grund dafür gewesen, daß er überhaupt zu mir gekommen war, wie es sich später herausstellte.

Als er mehr Vertrauen gewonnen hatte und mehr über sich erzählen konnte, wurde mir die Vielfalt und Schwere seiner Störung bewußt. Sie aber deskriptiv in einer kurzen Diagnose zusammenzufassen, ist fast unmöglich:

1. Er war ein erregbarer, narzißtisch eminent kränkbarer Mensch.
2. Er war aber auch ein Gerechtigkeitsfanatiker, er würde sich selbst bei der Polizei anzeigen, wenn er etwas Ungerechtes getan hätte. Vorwiegend beschäftigte er sich aber mit den anderen. Bei Verkehrsunfällen z.B., die ihn überhaupt nichts angingen, stieg er aus seinem Wagen aus und verhalf dem zu Unrecht Geschädigten zu seinem Recht.
3. Er war ein ausgesprochen fürsorglicher und vorausschauender Chef, kümmerte sich um seine Leute, war aber auch ein "gerechter Herr". Dies galt auch zu Hause bei Ehefrau und Kindern.
4. Er arbeitete mit einer unvorstellbaren Präzision, war pedantisch und trotzdem leistungsfähig.
5. Er hatte sehr dezidierte Auffassungen über Politik, Staat, Gesellschaft (freilich extrem konservativ), aber gleichzeitig war er sehr hilfreich, oft sogar nett, freundlich und dazu auch recht belesen.
6. Erst später erfuhr ich, daß er eine beschränkt sadistisch gefärbte Hobbyperversion betrieb. Ihn interessierten Frauenringkämpfe sehr, Demonstrationen von Muskelkraft etc. Dadurch bestanden auch gewisse Schwierigkeiten und Konflikte mit seiner Frau, die sich mehr nach Zärtlichkeit sehnte und die die von ihm gewünschten Kraftproben nicht so gern mitmachte.

Wie könnte man diesen Menschen in deskriptiven Termini erfassen?

War er ein Fanatiker oder ein erregbarer Psychopath? War er ein Querulant, eine anankastische Persönlichkeit, ein sadistischer Perverser oder ein narzißtisch Depressiver, oder alles zuammen?

Und wie war es möglich, daß ein solcher Mensch gleichzeitig auch warme Gefühle, Einfühlung, Zuverlässigkeit, oft auch Nachdenklichkeit, Selbstkritik besitzen konnte?

Der Patient H.

Herr H. war ein körperlich großer, weltmännischer hyperthymer oder/und hysterischer, etwas großmäuliger, aber auch depressiver pseudo- aber auch echt-suizidaler Mann.

Der wohlhabende Kaufmann kündigte seit längerer Zeit Selbstmordabsichten an. Eines Tages blieb er von zu Hause weg, so daß seine Frau sich Sorgen machte. Sie fühlte sich in ihren Sorgen bestätigt, als sie in seiner Schreibtischschublade fertige Todesanzeigen fand, die ihn selbst betrafen. Am nächsten Tag meldete er sich am Telefon, er habe nur so gedacht, er könnte mal weg bleiben. Daß er mit den Todesanzeigen seiner Frau einen Schreck eingejagt hatte, wollte er auch im Gespräch mit mir nicht einsehen. Er sei ja ein pflichtbewußter Mensch und wolle für alles sorgen. Diesen Patienten habe ich nur einige Male gesehen. Während dieser Gespräche pflegte er oft plötzlich aufzustehen und von einer Ecke des Zimmers in die andere wie ein Feldmarschall hin und her zu marschieren. Dabei ließ er mir seine Gedanken in Form von Aphorismen zukommen. Es fiel mir sehr schwer, mit meinen Gegenübertragungsgefühlen zurecht zu kommen. Es wäre vielleicht recht einfach, ihm das Theater zu zerstören, indem man ihm sagt, er solle gefälligst Platz nehmen. Daraufhin würde er sich entweder anpassen und nicht mehr aufzulehnen wagen oder einfach die Behandlung abbrechen. In beiden Fällen wäre jedoch das therapeutische Ziel verfehlt gewesen. Hier geht es aber nicht um die Therapie, sondern um die diagnostische Einordnung:

Meist ist es möglich, einen hysterisch schillernden von einem hyperthym protzenden Charakter zu unterscheiden: Der Hysteriker arbeitet mit Verdrängung und einer phantasiereichen Inszenierung, der Hyperthyme benutzt Verleugnung der Realität und eine sich großmäulig, grob behauptende Omnipotenz – sozusagen aus "echter" Überzeugung. Der Hysterische überlistet und blendet das Über-Ich, der Hyperthyme verhält sich so, wie wenn er keines hätte. Er arbeitet nur mit dem Größen-Selbst. Dies alles sind jedoch schon wieder psychodynamische Erwägungen.

Wie wäre aber dieser Patient rein deskriptiv zu erfassen? Mir fällt es, wie bei dem ersten Patienten, sehr schwer, hier eine präzise deskriptive Diagnose zu formulieren. (Übrigens hat dieser Patient, wie ich nach mehreren Jahren zufällig erfuhr, vier oder fünf Jahre nach unserer kurzfristigen Begegnung tatsächlich Suizid begangen.)

Unsere vorläufige Bilanz wäre die, daß der deskriptive Bezugsrahmen zwar für eine erste Orientierung – sofern wir wie im DSM III mehrfache Benennungen benutzen dürfen – zur äußerlichen Erfassung des Bildes nützlich sein mag, dennoch führt uns diese reine Deskription nicht viel weiter. Die dahinter stehende Vielfalt kann nicht ohne den psychodynamischen Hintergrund sinnvoll erfaßt werden. Wir kehren also zur Psychodynamik zurück. Wir sind vorhin so weit vorangekommen, daß wir feststellten, daß Persönlichkeitsstörungen nicht schlechthin Charakter*neurosen* sind. Was sind sie aber dann?

Um diese Frage zu beantworten, will ich versuchen, einen allgemeineren, umfassenderen Bezugsrahmen zu skizzieren, innerhalb dessen die einzelnen empirisch beobachtbaren psychischen Störungen aufgrund der Psychodynamik sinnvoll eingeordnet werden können.

Ein dreidimensionales Modell

Ich habe an anderer Stelle (*Mentzos* 1982/90) die Gründe dafür dargestellt, weswegen wir psychische Störungen zumindest auf drei grundlegenden Dimensionen zu erfassen haben. Bei jedem konkreten Fall sollte man sich darum bemühen, Klarheit über erstens die Beschaffenheit des Ich (Stabilität der Ich-Grenze, Grad der Integration und Kohäsion), zweitens die Art des Grundkonflikts und drittens den Modus der pathologischen Verarbeitung dieses Konfliktes zu gewinnen. Daraus lassen sich drei Kriterien ableiten, die es uns erlauben, Psychosen von Neurosen sowie diese beiden von Störungen des intermediären Raums (zwischen Psychosen und Neurosen) zu unterscheiden. Von *Psychosen* sprechen wir dort, wo die Ich-Grenzen mangelhaft ausgebildet, wo das Selbst von dem Nicht-Selbst nicht eindeutig unterschieden werden kann und dort, wo die wichtige entwicklungspsychologische Aufgabe der Subjekt-Objekt-Trennung nicht adäquat gelöst wurde (wo also der Gegensatz zwischen narzißtischen und fusions-verschmelzungs-objektalen Tendenzen weiterhin besteht), sowie dort, wo primitive, grobe Abwehr- und Kompensationsmechanismen (wie Wahnideen und Halluzinationen) im Vordergrund stehen (dies wäre also das dritte Kriterium, der Modus der Verarbeitung des Konfliktes).

Im Gegensatz dazu sprechen wir von *Neurosen*, wenn die Ichgrenzen, die Integration und Kohäsion des Ich gut ausgebildet sind, wenn die intrapsychischen Spannungen aus reiferen Konflikten resultieren und dann, wenn die Abwehr und Verarbeitung dieser Konflikte mittels reiferer Abwehrmechanismen geschieht.

Die Frage der Ätiologie bleibt davon unberührt, weil die geschilderte Ich-Schwäche bei Psychosen sowohl hirnorganisch als auch psychogenetisch entstanden sein kann. Umgekehrt wissen wir auch, daß bei Psychoneurosen biologisch konstitutionelle Faktoren eine große Rolle spielen.

Zwischen diesen beiden Gruppen der Psychosen und Neurosen liegt allerdings ein intermediärer Bereich von Störungen, die weder deskriptiv noch psychodynamisch zu den Psychosen oder Neurosen zugeordnet werden können. Dazu gehören nicht nur die Borderline-Patienten im engeren Sinne, sondern auch die Unzahl von klinischen Bildern, die wir "atypische Hysterien" oder "maligne Hysterien", latente Psychosen, das psychische Korrelat vieler Psychosomatosen nennen und insbesondere ein großer Teil der uns hier interessierenden sogenannten Persönlichkeitsstörungen. Hier beginnen wir die Übersicht zu verlieren.

Noch verwirrender wird das Bild, wenn man das nicht seltene Symptom des Alternierens zwischen verschiedenen Symptomen und Syndromen berücksichtigt, so zum Beispiel zwischen hypochondrischer und paranoider Symptomatik, zwischen psychotischen Episoden und Neurodermatitisschüben, zwischen Depression und Bulimie. Geht man aber nicht von einem statischen, sondern dynamischen Modell aus, in dem die einzelnen Symptomatologien unterschiedliche, mehr oder weniger hoch- bzw. tiefliegende "Verteidigungslinien" darstellen (die der einzelne Patient unter Umständen aufgeben muß, aber auch wieder zurückerobern kann), so ist man trotz dieser verwirrenden Vielfalt in der Lage, den jeweiligen Querschnitt oder die Sequenz von Symptomen doch in einer sinnvollen Weise zu erfassen.

Versuch einer graphischen Darstellung des dreidimensionalen diagnostischen Modells

Die erwähnten drei diagnostischen Dimensionen (Struktur, Konfliktart und Verarbeitungsmodus) könnte man graphisch als die Achsen eines dreidimensionalen Kontinuums darstellen (Abbildung 1), in der auf der Achse M die verschiedenen Abwehrmechanismen – aus deren Zusammensetzung die Modi der Verarbeitung entstehen –, auf der Achse S die sukzessiv im Laufe der psychischen Entwicklung entstehenden intrapsychischen Strukturen vom 1. bis zum 18. Lebensjahr, und schließlich auf der dritten Achse K, die in den jeweiligen Phasen relevanten Aufgaben, die meist in der Aufhebung von vorgegebenen Gegensätzen bestehen und oft (durch einseitige Pseudolösungen) zu unlösbar erscheinenden *Konflikten* erstarren können.

Auf der Abbildung 2 ist die Einordnung verschiedener klinischer Bilder im dreidimensionalen Modell dargestellt. Die Abwehrmechanismen und die sukzessiv entstehenden Strukturen werden nur kurz, die Konfliktarten überhaupt nicht erwähnt, um die Grafik nicht zu verkomplizieren. So finden die schizophrenen Psychosen ihren Platz im linken unteren Feld und zwar ganz vorn, da sie auf allen drei Achsen niedrige Werte haben. Darüber, etwas rechts, tauchen die Borderlinezustände auf, darunter (wegen der paranoiden Mechanismen) und mehr nach rechts (wegen der Selbstwertproblematik) die schizoaffektiven Psychosen. Rechts oben und in der Tiefe findet man die klassischen Hysterien und etwas weiter links die Zwangsneurosen, noch weiter links, aber mehr nach vorn (wegen geringerer Werte auf der dritten Achse K) die Angstneurosen. Die maligne Hysterie, also die Verarbeitung relativ "früher" Konflikte mit hysterischen Mechanismen, bei einem relativ kohärenten Selbstkern, erscheint etwa in der Mitte des dreidimensionalen Kontinuums, während ein Panikzustand mit Somatisierungstendenzen bei einem normal entwickelten Menschen in einer extremen Streßsituation ganz rechts, aber relativ unten angesiedelt ist (wegen der Unreife des Verarbeitungsmodus). Man beachte nun das große Gebiet der Persönlichkeitsstörungen, welche die narzißtischen Störungen im engeren Sinne sowie die Charakterpsychoneurosen umfassen. Die große Streuung entspricht einer gewissen Unspezifität dieser diagnostischen Kategorie. Die Psychopathie im engeren Sinne wird innerhalb der Persönlichkeitsstörungen am extrem unteren Pol angesiedelt.

Eine ähnlich weite Streuung wie die der Persönlichkeitsstörungen würden auch die psychosomatischen Störungen (die in diesem Bild nicht dargestellt sind) aufweisen, weil sie bei Menschen mit recht unterschiedlichen Strukturen und Konfliktarten auftauchen und nur ein Gemeinsames aufweisen, nämlich die Somatisierung.

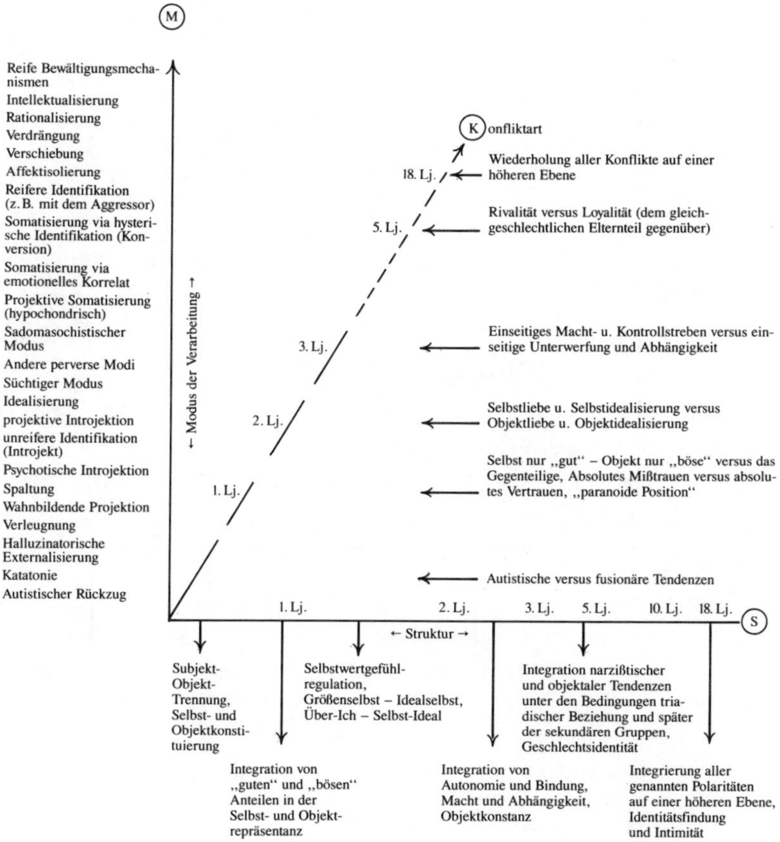

Abbildung 1: Dreidimensionales Modell der Psychodynamik psychischer Störungen

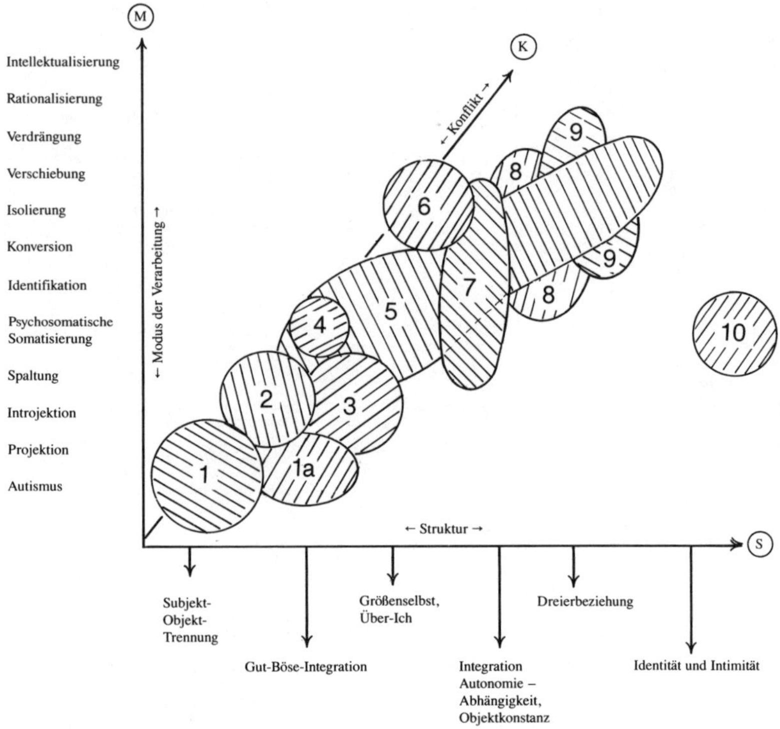

Erläuterungen:

1 Schizophrene Psychosen
1a Schizoaffektive Psychosen
2 Borderline
3 Affektive Psychosen
4 Psychopathie i. e. S.
5 Persönlichkeitsstörungen, narzißtische Störungen und Charakterneurosen
6 Maligne Hysterie
7 Angstneurose
8 Zwangsneurose
9 Hysterie
10 Panik mit Somatisierung beim Normalen in extremem Streß

Abbildung 2: Einordnung verschiedener klinischer Bilder im dreidimensionalen Modell (Modus, Struktur, Konflikt)

Die Tatsache, daß innerhalb dieses Modells psychische Störungen, die sich in Symptomen manifestieren und solche, die aus Besonderheiten des Verhaltens, des "Charakters" bestehen, ähnlich, wenn nicht identisch positioniert werden, mag zunächst Befremden erwecken.

Dennoch läßt sich gerade daraus eine aus dem Modell abzuleitende wichtige Aussage formulieren: In den Attitüden, im Verhalten, im Charakter sich manifestierende psychische Störungen unterscheiden sich, was ihre Psychodynamik betrifft, nicht wesentlich von den mit ihnen korrespondierenden und in Symptomen manifest werdenden Störungen, weil beide auf ähnlichen Konflikten, bei ähnlichen strukturellen Mängeln und einem ähnlichen Modus der Verarbeitung basieren. Deswegen auch die Überschneidung der "Persönlichkeitsstörungen" in der graphischen Darstellung mit verschiedenen vom Symptom her definierbaren Störungen.

Von diesen Feststellungen ausgehend, können wir versuchen, die schon lange bekannte Differenzierung zwischen Charakter- und Symptom-*Neurosen* weiter auszudehnen, um damit auch eine Erfassung des größten Teils der Persönlichkeitsstörungen zu ermöglichen.

Die altbekannte Unterscheidung zwischen Symptom- und Charakter-Neurosen bezieht sich ja auf Störungen, die in unserem Modell in den "reiferen" Bereich gehören (rechts oben und mehr nach hinten gelegen). Sie sind also vorwiegend Psychoneurosen. Die neurotische Verarbeitung des Konflikts bei jeder Psychoneurose – so die seit langem akzeptierte Annahme – erfolgt grundsätzlich auf zwei unterschiedliche Weisen: Entweder impliziert diese Verarbeitung das Auftauchen von *Symptomen*, oder aber sie geht mit der Entstehung bestimmter *Charakterzüge*, Verhaltensmuster und Erlebensweisen einher, die eben zu einem großen Teil den "Charakter" eines Menschen ausmachen.

So unterscheiden wir zum Beispiel zwischen einer *Symptom*zwangsneurose und einer *Charakter*zwangsneurose. Das heißt, der zugrundeliegende Konflikt, der Gegensatz zwischen Autonomie und Abhängigkeit, zwischen Gehorsam und Ungehorsam (der beiden gemeinsam ist) wird entweder mit Hilfe jener Abwehrmechanismen "verarbeitet", die das Auftauchen von Symptomen mit sich bringen (Zwänge), oder mit Hilfe anderer Abwehrmechanismen (wie der Reaktionsbildungen), die letztlich als Charakterzüge imponieren: Überfreundlichkeit, Aggressionshemmung, pedantische Übergenauigkeit, Geiz etc. Es sind Charakterzüge, die zwar – wie die Symptome – Bestandteile oder Formen von Abwehrmechanismen sind, die aber im Gegensatz zu den Symptomen als ich-synton und nicht als ich-fremd (ich-dyston) empfunden werden. Solche Charakterzüge werden, sofern sie nur leicht ausgeprägt sind, auch von der Umgebung einfach als relativ harmlose Persönlichkeitsvarianten empfunden. Wir pflegen sie lediglich erst von einem gewissen Ausprägungsgrad an als Bestandteile einer Charakterneurose zu definieren.

Persönlichkeitsstörungen sind nun zu einem kleinen Teil solche Charakter(psycho)neurosen, zu einem anderen und größeren Teil aber Störungen, die wir, wenn solche provokativen und kakophonen Neologismen erlaubt wären, zum Beispiel "Charakterpsychosen", "Charakter-Borderline" und "charakternarzißtische Störungen" bezeichnen müßten. "Charakter" hätte hier, sprachlich betrachtet, adjektivische Funktion und würde bedeuten, daß der angewandte Modus der Verarbeitung nicht über Symptome, sondern über die Entwicklung bestimmter Attitüden, Charakterzüge und Verhaltensmuster läuft. Eine solche Konzeptualisierung erlaubt die Integration (in unserem diagnostischen Schema) solcher charakterbezogenen Störungen (eben Persönlichkeitsstörungen) in die ihnen korrespondierenden manifesten symptombezogenen Störungen. Sie erklärt auch die häufigen Kombinationen in Syndromen und Persönlichkeitsauffälligkeiten. Schließlich ermöglicht sie die Erfassung der psychodynamischen Prozesse, die gelegentlich zu einem Wechsel oder Alternieren zwischen Symptomen und Charakterzügen führt. So verliert oft ein Typus melancholicus (nach *Tellenbach*) beim Ausbruch der depressiven Psychose einen großen Teil seiner für ihn typischen Charaktermerkmale, oder er bietet sogar beim Ausbrechen einer Manie eine Reihe entgegengesetzter Attitüden.

Bei der Schilderung der Psychodynamik der sogenannten "Persönlichkeitsstörungen" bin ich bis jetzt vielleicht zu einseitig vom Modus der Verarbeitung ausgegangen und habe die dabei wirksamen Abwehrmechanismen ziemlich in den Vordergrund gestellt. Unsere graphische Darstellung mahnt uns jedoch diese Einseitigkeit zu vermeiden, indem sie uns auch auf die beiden weiteren Dimensionen aufmerksam macht: Die Art des zugrundeliegenden Konflikts und die strukturelle Beschaffenheit des Ich.

Betrachtet man die Persönlichkeitsstörungstypen auch unter diesen Gesichtspunkten, so stellt man fest, daß der größere Teil von ihnen den sogenannten narzißtischen Störungen im engeren Sinne (nach *Kohut*) entsprechen. Diese beziehen sich auf eine mangelhafte

Regulation des Selbstwertgefühls (bei schon relativ kohärentem Kernselbst).

Es würde hier zu weit führen, den Terminus *Narzißmus* in seinen verschiedenen Bedeutungen zu eruieren. Auf jeden Fall wird Narzißmus erfreulicherweise in der letzten Zeit auch innerhalb eines rein deskriptiven Bezugsrahmens (wie etwa im DSM III) relativ "dynamisch" begriffen. So werden dort als narzißtische Persönlichkeitsstörungen jene genannt, bei denen ein übermäßiges Gefühl des Selbstwertes oder der Einzigartigkeit, Phantasien von grenzenlosem Erfolg, ein exhibitionistisches Bedürfnis nach dauernder Aufmerksamkeit und Bewunderung, charakteristische Reaktionen auf die Bedrohung des Selbstwertgefühls in Form von Kühle, Gleichgültigkeit, Zorn, Unterlegenheitsgefühlen, Scham oder Leere sowie eine Beeinträchtigung der zwischenmenschlichen Beziehung durch Ausbeutung, Schwanken zwischen den Extremen, Idealisierung und Entwertung, Mangel an Empathie und/oder ein Gefühl narzißtischer Anwartschaft zu finden sind.

Die psychoanalytische Betrachtungsweise geht freilich einen Schritt weiter: Der psychoanalytische Begriff des pathologischen Narzißmus impliziert die grundlegende Annahme, daß das Ich aufgrund negativer Erfahrungen die Auseinandersetzung mit dem realen Objekt aufgegeben und sich auf eine phantasierte, omnipotente Selbst-Objekteinheit zurückgezogen hat. Innerhalb dieser Konstruktion phantasiert sich der Betreffende als *unabhängig von den realen Objekten*, die damit fast bedeutungslos werden. "In dieser phantasierten Unabhängigkeit von den Hilfsquellen anderer (auch des Therapeuten!) liegt ein wesentlicher Unterschied (der narzißtischen Störungen, S.M.) zu den Borderline-Persönlichkeitsstörungen (ebenso wie übrigens zu den histrionischen Persönlichkeitsstörungen des DSM III) begründet: Borderline-Patienten fühlen sich auf ihre bedeutsamen Objekte auf extreme Weise angewiesen und verhalten sich ihnen gegenüber entsprechend regressiv, passiv-erwartungsvoll und klammernd (*Kernberg* 1975, *Masterson* 1981, zitiert nach *Rohde-Dachser* 1986, S. 146).

Dennoch entsprechen keineswegs alle (oder die meisten) "Persönlichkeitsstörungen" diesen narzißtischen Störungen im engeren Sinne (*Kohut*), bei denen also schon ein gut ausgebildetes und kohärentes Kernselbst vorhanden ist. Fälle, bei denen vorübergehend oder länger dauernde Umschläge (Symptomwechsel) eines durch Charakterauffälligkeiten gekennzeichneten Bildes in eines mit schweren psychotischen Symptomen stattfinden, zeigen eindeutig, daß sich hinter einer "Charakterstörung" oft eine viel tiefer liegende Vulnerabilität des Selbst verbergen kann, sogar von psychotischem Ausmaß.

Ich will dies am Fall einer ausgeprägten querulatorischen Entwicklung, die in gewisser Hinsicht eine Psychose abwehrte und dann am Beispiel eines Zwangscharakters demonstrieren, der durch die Schockeinwirkung einer nicht erwarteten Reizüberflutung kurzfristig stupurös wurde.

Beim ersten Fall handelt es sich um einen ca. 50jährigen Mann, den ich für das Gericht mit der Frage zu begutachten hatte, ob ihm nach der Scheidung seine Kinder zugesprochen werden oder ob sie ihn wenigstens besuchen dürfen sollten. Das auffällige Verhalten des Probanden ließ den Umgang mit den Kindern problematisch erscheinen: Seit Jahren führte er eine große Anzahl von Prozessen auf allen Instanzen, er neigte zu groben anstößigen Äußerungen auch den kleinen Kindern gegenüber, schickte unflätige obszöne Briefe in großer Anzahl an Verwandte und Bekannte, eine Reihe von Richtern klagte er wegen ungerechter Behandlung und Voreingenommenheit an und beschäftigte sich den ganzen Tag hauptsächlich mit dem Abfassen von Schriftsätzen. Tatsächlich sah ich mich auch schweren Herzens gezwungen, dem Gericht zu empfehlen, den Umgang mit den Kindern nicht zu genehmigen.

Dieser Mann hat, wie sich später herausstellte, vor über 20 Jahren eine eindeutige paranoid-halluzinatorische Psychose durchgemacht, sich jedoch danach über eine immer mehr sich ausbreitende Querulanz mit wahnhaften Zügen deutlich stabilisiert. Eine psychiatrische Behandlung hatte in diesen Jahren nicht mehr stattgefunden.

Das Ausmaß der Querulanz und die Heftigkeit und Aggressivität seiner Verdächtigungen (bald wurde ich auch zu einem der von ihm Angeklagten) war oft so absurd, daß man glaubte, bald würde er auch eindeutiger und manifest psychotisch werden. Diese stabile Instabilität hielt sich jedoch und, soviel ich weiß, hält sie noch heute an, so daß man tatsächlich das Gefühl bekommt, daß die Aufrichtung real faßbarer und einigermaßen glaubhafter Verfolger innerhalb der Querulanz ihm, dem Patienten, einen regelrechten Verfolgungswahn zu vermeiden halfen.

Das zweite Beispiel ist ein damals 60jähriger Lehrer, dessen Bekanntschaft ich zufällig gemacht habe; er war kein Patient von mir. Es ist übrigens bezeichnend, daß man auf der Suche nach abnormen Persönlichkeiten oder Persönlichkeitsstörungen oft auf Begutachtungsfälle oder Fälle aus dem Bekanntenkreis angewiesen ist, offensichtlich deswegen, weil Menschen mit “Persönlichkeitsstörungen” meist keinen Leidensdruck empfinden und selbst, wenn sie einen solchen haben, keinen Arzt aufsuchen.

Der 60jährige Lehrer hatte damals gerade seinen Führerschein gemacht, fühlte sich am Steuer noch sehr unsicher und fragte mich, damals junger Assistent, ob ich nicht Lust hätte, mit ihm nach Griechenland zu fahren. Er würde sein Auto zur Verfügung stellen und auch die Hälfte der sonstigen Reisekosten übernehmen unter der Voraussetzung, daß ich ihm als Fahrer oder als aufmerksamer Beifahrer bei dieser Jungfernfahrt zur Verfügung stünde. Ich habe kurzerhand zugesagt und war zunächst auch in der Gesellschaft des zwar sehr genauen und pedantischen, aber freundlichen und zugewandten Mannes ganz zufrieden, allerdings nur bis zu einem Ereignis, das sich zwischen Zagreb und Belgrad abspielte. Er saß am Steuer, bei ca. 100 km/h, als plötzlich zwei große Schweine die damals enge Autobahn nach Belgrad gemächlich überquerten. Er hätte sicher Zeit gehabt, noch zu bremsen, fuhr jedoch mit unverminderter Geschwindigkeit weiter, überfuhr beide Schweine (wobei einige Chromteile aus den Scheinwerfern in die Luft flogen) und fuhr auch anschließend weiter, trotz meines entschiedenen Zuspruchs, er solle endlich anhalten. Er war nicht ansprechbar, auch nicht nachdem ich mit der Handbremse den Wagen zum Stillstand gebracht hatte. Er schaute mich in substupurösem Zustand an, ohne mich wahrzunehmen. Erst nach weiteren zwei Minuten kam er zu sich. Ich setzte mich ans Steuer und kehrte an die Stelle des Unfalls zurück. Ich hatte jedoch schon von weitem gemerkt, wie einige Bauern die volkseigenen Schweine rechtzeitig aufgenommen hatten und damit verschwunden waren. Der Wagen hatte kaum Schaden genommen. Wir fuhren deshalb weiter, ich ließ ihn selbstverständlich zunächst nicht mehr ans Steuer. Am nächsten Tag, nunmehr in Südjugoslawien und kurz vor der griechischen Grenze, war ich von der langen Fahrt so ermüdet, daß ich ihn bat, doch wieder zu fahren. Nach einer halben Stunde kamen wir über eine Umleitung auf eine Straßenbaustelle mit vielen Schlaglöchern. Das Auto schleuderte etwas, er geriet plötzlich wieder in einen sonderbaren Zustand. Diesmal schrie er laut: “Die Räder sind weg, die Räder sind weg”, hielt aber wieder nicht an. Auch diesmal vergingen einige Minuten, bis ich ihn beruhigt hatte. Selbstverständlich bin ich den Rest der Hin- und Rückfahrt selbst gefahren. Bemerkenswert ist nun, daß dieser Mann das extreme Beispiel einer anankastischen Persönlichkeit war. Seine Pedanterie und sein Geiz waren unbeschreiblich. Er benutzte noch Rasierklingen aus dem zweiten Weltkrieg. Als ich ihn nach Beendigung der Reise fragte (wir waren in Athen eigene Wege gegangen und haben uns erst vor Antritt der Rückreise wieder getroffen), ob ihm der Aufenthalt in Griechenland gefallen hätte, wußte er als erstes zu sagen, daß das Toilettenpapier im Hotel ausgezeichnet gewesen sei. Als wir schließlich in seinem Wohnort ankamen, bedankte er sich herzlich, holte sein Portemonnaie heraus und gab mir 4 Pfennige: Er habe sich die ganze Zeit Notizen gemacht, die Kosten genau durch zwei geteilt und festgestellt, daß er mir 4 Pfennige schulde.

Was ich mit dieser kuriosen Geschichte zeigen will, ist, daß bei “Persönlichkeitsstörungen” gelegentliche Symptomwechsel keineswegs immer zum analogen klinischen Bild (zur Manifestation von eindeutigen Zwangssymptomen) führen, sondern viel tiefer auf der "Stufenleiter" in psychose-nahe oder sogar psychotische Bereiche hineinreicht. Der Mann hatte sich nie in psychiatrischer Behandlung befunden.

Ein psychodynamisches Konzept der Psychopathie im engeren Sinne

Im Rahmen meiner Darstellung der Persönlichkeitsstörungen war es bisher nicht möglich, auf die spezielle Psychodynamik einzelner solcher Störungen einzugehen. Aus diesem Grund möchte ich zum Schluß wenigstens bei den sogenannten soziopathischen oder dissozialen Persönlichkeiten verweilen. Zunächst muß festgestellt werden, daß diese Gruppe selbstverständlich nicht psychopathologisch definierbar ist, die involvierten psychosozialen und sozialen Faktoren sind zumindest genauso maßgebend beteiligt. Dennoch scheint es eine kleine Untergruppe zu geben, die psychopathologisch besser abgrenzbar ist und die von einigen, paradoxerweise psychodynamisch orientierten Autoren mit dem überholten Begriff der *Psychopathie* im engeren Sinne bezeichnet wird (*Meloy* 1988). Es handelt sich allerdings um eine psychodynamisch verstandene "Psychopathie", bei Menschen mit aggressiv-dissozialem Verhalten. Das Modell zum Verständnis bedient sich moderner psychoanalytischer Sichtweisen, insbesondere auch der Objektbeziehungstheorie und der Theorie der Selbst- und Objektrepräsentanzen. *Meloy* gibt in seiner Monographie kurzgefaßt folgenden Überblick: *Freud* hat wenig über Psychopathie ausgesagt oder geschrieben. *Eichhorn* (1925) brachte neue Impulse mit dem Begriff des "Fehlens einer frühen Identifikation", die dem Betreffenden nicht erlaube, bestimmte intrapsychische Strukturen aufzubauen. *Wittels* (1937), *Kaplan* (1941), *Levy* (1951) brachten wenig überzeugende, vorwiegend triebtheoretisch orientierte Hypothesen. Lediglich *Levy* hat einige der späteren Einsichten der Objektbeziehungstheorie vorweggenommen. Erst *Cleckley* (1941) erkannte die hier vorliegende Störung als eine "Ich-Erkrankung" und sprach von einer "versteckten" Psychose. Derselbe Autor hat die hier gemeinte Störung später mehr in der Nähe der Borderline (1976) und nicht mehr als Psychose gesehen.

Fenichel (1945) schrieb von narzißtischen "Wunden", die bei diesen Menschen durch Verleugnung zugedeckt werden. *Reich* (1945) ging von ähnlichen Überlegungen aus und beschrieb die eigenartige "Arroganz des Psychopathen", die ebenfalls dem Zudecken der narzißtischen Wunden diene.

Zu einem regelrechten Durchbruch kam es dann erst durch *Eissler* (1949), der das aggressiv psychopathische Verhalten als einen reparativen Versuch konzipierte, das Selbstwertgefühl zu retten und die Realitätsprüfung aufrechtzuerhalten.

Schmiedeberg (1949) stellte das Fehlen von emotionalen Bindungen und das Fehlen von Identifikationen sowie die damit zusammenhängende mangelhafte Entwicklung eines ausreichenden (sowohl starken als auch flexiblen) Über-Ich heraus.

Die Vertreter der Objektbeziehungstheorie beschrieben schließlich die psychopathologischen Zustände, die neuerdings unter dem Terminus "Psychopathie" zusammengefaßt werden, als die *schwerste Variante der narzißtischen Persönlichkeitsstörungen* (*Grotstein* 1978, 1980; *Meißner* 1978; *Volkan* 1976 und schließlich, in systematischer Weise, *Meloy* 1988).

Inwiefern unterscheiden sich nun die Strukturstörungen bei narzißtischen Persönlichkeiten im allgemeinen und bei den Psychopathien im besonderen von jenen bei den Borderline-Zuständen? Intrapsychisch gehe es darum (so z.B. *Meloy* 1988), daß bei narzißtischen Persönlichkeiten (und im besonderen Borderline-Störungen) immerhin ein integriertes Größenselbst existiert, wenn auch ein recht unrealistisches und zudem pathologisches. Allerdings konnte bei den narzißtischen Persönlichkeiten das Ideal-Ich nicht mit dem Über-Ich integriert werden. Dies gilt für alle narzißtischen Störungen. Speziell für den *psychopathischen* Charakter nimmt man nun zusätzlich an, daß eine grundlegende, frühe, elementare *Identifikation mit dem Aggressor* unter Verzicht auf benignere, fürsorgendere Objektrepräsentanzen (mit denen man sich hätte identifizieren können) stattgefunden hat. Bemerkenswert ist, daß äußerlich die "Psychopathen" (abgesehen von manifester Kriminalität) eine relativ bessere soziale Anpassung zeigen als die Borderline-Patienten. Sie sind offenbar oft zu einer Art von Pseudosublimierungen und Leistungen in der Lage, die ihnen sogar gewisse Gratifikationen bringen.

Bei den Psychopathen im engeren Sinne findet also keine Internalisierung eines guten Objektes statt, sondern umgekehrt eine primitive Identifikation mit dem bösen und "fremden" (*Stranger*) Selbstobjekt (*Grotstein*). Damit ist eine Art vorgegebene Feindphantasie gemeint, und zwar sowohl außerhalb als auch in einem selbst. Ganz anders bei den Borderline-Patienten: Bei ihnen wird zwar auch ein "böses" Introjekt im Zustand der Unintegriertheit gefürchtet und ständig nach außen projiziert; eine Identifikation mit ihm findet jedoch nicht statt.

Diese kurz skizzierte Psychodynamik der Psychopathie im engeren Sinne ermöglicht es, bestimmte Erfahrungen mit schwer Psychopathisch-Asozialen verständlich zu machen. So die eigenartige Lieblosigkeit und Gewissenlosigkeit, die Kühle, die berechnende Verachtung des anderen sowie die Intensität der Aggressivität. Das Originelle an dieser Konzeption ist im wesentlichen: Während man früher das Psychopathisch-Asoziale mit einer fehlenden oder mangelhaften Über-Ich-Bildung in Zusammenhang brachte, geht man heute davon aus, daß diese negative Definition nicht ausreicht. Es gehe nicht nur um eine mangelhafte Über-Ich-Bildung, sondern darüber hinaus oder sogar hauptsächlich um eine stattgefundene primitive *elementare Identifikation* mit dem "Bösen" (was ja eigentlich heißt: mit dem Aggressor, wenn auch in einer elementaren und archaischen Form).

Bemerkenswert ist, daß die Ich-Grenzen bei diesen Menschen offensichtlich relativ gut gebildet sind, so daß sie von den Psychosen abgegrenzt werden können. Deswegen werden diese Störungen, obwohl sie schwere Pathologien darstellen, im allgemeinen als sozusagen "höherstehend" betrachtet, etwa im Vergleich mit den Psychosen oder den Borderline-Patienten. Diese Wertung ist allerdings von einem bestimmten Standpunkt aus sehr skeptisch zu hinterfragen. Denn auf der anderen Seite wissen wir, daß die hier gemeinten "psychopathischen" Menschen schwer zu behandeln sind, fast schwerer als Borderlinestörungen und Psychosen. Wir wissen auch, daß in der spontanen Gegenübertragung Borderline-Patienten und Psychotiker als sympathischere, "menschlichere" Patienten empfunden werden.

Ich meine, daß in dieser rein emotionalen, spontanen Empfindung eine intuitiv richtige Feststellung enthalten ist: Der Borderline-Patient pendelt ständig um 180 Grad zwischen Positivität und Negativität seiner Selbst- und Objekteinschätzung. Seine Selbst- und Objektrepräsentanzen sind abwechselnd absolut sehr gut und absolut sehr schlecht. Dadurch, also durch das Wechseln, das Alternieren, bleibt aber auch alles offen. Dagegen hat der sogenannte Psychopath (offenbar aufgrund noch ungünstigerer Erfahrungen mit den primären Bezugspersonen) ein für alle Mal sich sozusagen "entschieden". Er hat jene narzißtische Haltung fest eingenommen, die auch eine Verurteilung und Verachtung und nach Möglichkeit auch Zerstörung des Objektes impliziert. Ja, man könnte provokativ behaupten, daß der Borderline-Patient oder auch sogar der Psychotiker über größere Freiheitsgrade verfügt (so paradox sich dies auch anhören mag) als der festgefahrene Psychopath, oder aber auch als der schwere Charakterneurotiker, oder schließlich vielleicht auch als mancher sogenannte "Gesunde", der seine psychische Stabilität auf Kosten einer progredienten Einseitigkeit und Einengung erreicht hat. Sind nun, so möchte ich fragen, die oft chaotischen Borderline- und die psychotischen Patienten "schlimmer oder besser dran" als die Charaktergestörten oder die oben beschriebenen rigiden, sogenannten "Gesunden", die zu keinem identifikatorischen oder projektivem Austausch mehr, zu keinen produktiven Internalisierungen und Externalisierungen fähig sind, und seien sie auch pathologisch? Das ist nun aber eine fast philosophische Frage. Ich wollte sie nur kurz anreißen, einmal um unsere unausgesprochenen Kriterien und Vorurteile in bezug auf Normalität und Abnormität infrage zu stellen und zweitens, um gewisse Gegenübertragungsreaktionen im Umgang mit verschiedenen Patientengruppen etwas verständlicher zu machen.

VII

Die Beziehungen zwischen dem intrapsychischen und dem institutionellen Zwang

Betrachten wir Menschen als *extrem offene Systeme*, die normalerweise über ein großes Spektrum von Freiheitsgraden verfügen, so können wir Krankheit und insbesondere *psychische Krankheit* auch als einen Zustand begreifen, in dem mehrere dieser Freiheitsgrade verloren gehen. Eine große Anzahl von Erlebens- und Verhaltensweisen, eine Fülle von Fähigkeiten und Begabungen können hier nicht adäquat genutzt werden. Entscheidungsprozesse sind erheblich erschwert. Der Phobiker zum Beispiel muß bestimmte Gegenstände und Situationen vermeiden. Die Welt eines Zwangsneurotikers engt sich zunehmend ein und wird von seinen Ritualen beherrscht. Der Schizophrene beraubt sich durch den narzißtischen Rückzug und seinen Negativismus des größten Teils seiner Erlebens- und Handlungsmöglichkeiten.

Es kommt zu einer weitgehenden *Ich-Einschränkung*. Die Reduzierung der Freiheiten wird schon darin deutlich, daß Erleben und Verhalten in einem höheren Maße als vorher voraussagbar werden. Die Abwehr- und Schutzmaßnahmen, die zum großen Teil die Störung bewirken, scheinen zur regelrechten Zwangsjacke geworden zu sein. Die sich wiederholenden starren Reaktionsmuster, wie wir sie etwa bei der Zwangsneurose, bei der Sucht, bei der Perversion, aber praktisch auch bei allen anderen psychoneurotischen, psychosomatischen und psychotischen Symptombildungen kennen, erwecken den Anschein eines zwangsläufigen, durch den Willen unbeeinflußbaren Prozesses.

Ist aber dieser Eindruck richig? Und wenn ja, berechtigt uns der Eindruck zu der Annahme, daß der von uns wahrnehmbare Verlust von Freiheiten auch den Kern, auch das zentrale Charakteristikum psychischer Erkrankung betrifft? Oder, vom praktischen Gesichtspunkt aus gesehen, ist es denn eigentlich *diese Unfreiheit*, unter der der Patient vorwiegend *leidet*? Und ist es diese Unfreiheit, von der er hauptsächlich befreit werden möchte?

Die klinische Erfahrung spricht eher dagegen. Der Patient kommt meist nicht zu uns, weil er unter dieser Unfreiheit leidet, sondern weil er Angst hat, weil er sich bedrückt fühlt, weil er sich hoffnungslos, verlassen oder in sich zerrissen, widersprüchlich, oder weil er sich innerlich verarmt, abgestorben, bedroht, unsicher oder minderwertig, schwach, wertlos vorkommt. Es sind vorwiegend solche Selbstschilderungen und dieses Vokabular, das wir meist zu hören bekommen, und weit weniger Klagen über den Zwang der Symptome und die dadurch hervorgerufene Unfreiheit. Es ist nun keineswegs so, daß dieser von außen gewonnene Eindruck des Zwangsläufigen, des Unfreien nicht der psychischen Realität entspräche. Die Betroffenen selbst jedoch scheinen Zwang und Unfreiheit als in *Kauf zu nehmende Begleiterscheinung* ihrer Bemühungen und ihres Kampfes gegen ein anderes, schlimmeres Übel zu betrachten. Und mir scheint, daß sie dabei auch Recht haben. Als ob sie ein zwar unklares, dumpfes, aber richtiges intuitives Wissen davon hätten, daß nicht diese Zwangsläufigkeiten der Symptombildung als solche das zu behandelnde Übel seien, sondern etwas anderes, gegen das gerade diese (mit Freiheitsverlust verbundenen) Mechanismen eingesetzt werden müßten.

So erklärt es sich auch, warum mancher Zwangsneurotiker zwar tatsächlich den bewußten Wunsch hat, von seinen Zwängen befreit zu werden, und warum mancher akustisch halluzinierende Schizophrene sich bewußt wünscht, endlich die ihn ständig begleitenden "Stimmen" los zu werden, obwohl beide gleichzeitig irgendwie an ihren Symptomen hängen. Das Zwangsritual wird trotz allem durchgeführt; die halluzinatorischen "Stimmen" werden zu Erlebens- und Verhaltensweisen, die automatisch, zwangsläufig und "ohne daß es nötig ist" ablaufen. Damit wären wir aber wieder bei dem schwierigen Problem *Zwang nötig* oder *unnötig*. Das Thema muß ich aufschieben und mich zunächst mit dem Zwang beschäftigen, der von Institutionen ausgeht.

Der Zwang in der Institution

Institutionen werden als stabile, relativ dauerhafte Muster von strukturierten menschlichen Beziehungsgeflechten definiert. Diese wiederkehrenden Regelmäßigkeiten und abgrenzbaren Gleichförmigkeiten gegenseitigen Verhaltens von Menschen, die wir Institutionen nennen, können als *Ersatz für fehlende Instinkte* verstanden werden, die das menschliche Zusammenleben *stabilisieren* und die

Menschen vom Entscheidungsdruck entlasten (*Gehlen*).[1] Sie können aber auch zur Quelle der Unterdrückung und Fremdbestimmung werden oder sogar bewußt zu diesem Zweck eingesetzt werden. Den Prozeß, durch den zunächst vereinzelte und spontan auftretende Bedürfnisse und Interessen sich zu allgemeinen Werten und diese sich wiederum zu bestimmten Handlungsmustern und Zielen verfestigen, nennen wir *Institutionalisierung*. Die hier implizierten Motivationen entspringen nicht, wie gelegentlich angenommen wird, nur aus den bewußten realistischen biopsychosozialen Situationen des Menschen (und seiner daraus entstehenden Bedürfnisse), sondern auch aus solchen, die man "neurotisch" nennen könnte. Letzteres bezieht sich wiederum nicht nur auf die Tatsache, daß es sich dabei vielfach um unbewußte Motivationen handelt, sondern auch darauf, daß sie Anteile von Abwehr oder Schutz- und Kompensationsmechanismen enthalten. Damit ist gemeint: Äußere Belastungen oder innere Konflikte machen oft das Einsetzen von Mechanismen wie Verdrängung, Spaltung, Projektion, Introjektion erforderlich. Diese Mechanismen sind umso effizienter, je mehr sie in der Lage sind, sich auch an Reales anzulehnen, das heißt sich zum Teil an der Realität festzumachen. Die Projektion negativer Selbstanteile gelingt umso leichter und ist umso stabiler, je mehr sie ein geeignetes (böses) Objekt findet.

Daß Institutionen in besonderem Maße dazu geeignet sind, solche Bedürftigkeiten der Menschen "anzunehmen" und sie zu bedienen, liegt auf der Hand. Wir werden sehen, wie die Koppelung zwischen Institution und Individuum einer der Wege ist, über die *Zwang indirekt ausgeübt* werden kann. Das kann als unbeabsichtigte, zum Teil auch tatsächlich unbewußte Beeinflussung des Individuums geschehen, wie es in der besonderen spezifischen Form des pathologischen psychosozialen Arrangements der Fall ist. Hier kommt die Institution den geschilderten Abwehrmechanismen und/oder neurotischen, das heißt Ersatz-"Bedürfnissen", des einzelnen entgegen. Indem die Institution, neben ihren anderen sachlichen oder bewußt machtbezogenen Funktionen, auch diesen "Service" dem Individuum bietet, sichert sie gleichzeitig ihre eigene rigide Stabilisierung.

---

1 Man sollte vielleicht – und dies ist als Kritik der *Gehlen*schen Auffassung gemeint – besser nicht von fehlenden Instinkten, sondern von einer Lockerung der Zwangsläufigkeit des Instinkts sprechen, eine Lockerung, die ja offenbar, jetzt positiv gesehen, konstitutiv für die Menschwerdung gewesen ist.

Die Entkoppelung dieser oft nahezu teuflischen Verzahnung ist sehr schwierig.

Ich möchte diese komplizierten Zusammenhänge am Beispiel einer Institution demonstrieren, die uns allen nur zu gut bekannt ist und deren positive und negative Aspekte uns auch persönlich mehr oder weniger treffen. Es geht um die *Institution Psychiatrie* und noch konkreter um die psychiatrische Klinik. Ich bin mir bewußt, daß die Wahl des Beispiels ein Wagnis ist und daß ich Gefahr laufe, Verärgerung oder auch falschen Applaus zu bekommen. Ich meine aber, daß gerade ein so hautnahes Beispiel besonders geeignet sein müßte, unser Erkenntnisinteresse anzuregen und ein besseres Verständnis zu fördern.

Der eindeutig bewußte und gezielte Mißbrauch der Institution Psychiatrie in Gestalt der Psychiatrisierung, wie sie etwa für einige Zeit in der Sowjetunion (aber auch an anderen Orten) betrieben wurde, ist zu massiv, zu gewalttätig, zu verdammungswürdig, als daß wir darüber Worte zu verlieren bräuchten. Eine andere, versteckte, indirekte, auf strukturellen Gegebenheiten der Gesellschaft und der ihr gehörenden Institution beruhende Form der Unterdrückung, Gewaltanwendung und Fremdbestimmung wurde in den 60er und 70er Jahren durch die Antipsychiatrie-Bewegung offengelegt. Die Gegner der psychiatrischen Anstalt wandten sich gegen die "totale Institution" und gegen den "Objektstatus" der Patienten, der der Organmedizin entlehnt sei. Man verlangte zu Recht die Ausschaltung vieler als gewalttätig und pathogen erkannten Anstaltsstrukturen. Seitdem ist auf diesem Gebiet auch einiges geschehen, allerdings keineswegs ausreichend.

In der Diskussion konnte eine dritte Ausprägung von Zwang, entstanden aus der Verkoppelung individueller Abwehrbedürfnisse mit Institutionsinteressen, nur selten angesprochen, geschweige denn vollständig erfaßt werden. Lediglich einige Autoren haben schon in den 50er Jahren die sozialen Systeme als *Abwehr gegen depressive und Verfolgungsangst* beschrieben. Autoren wie *Lellau* (zit. bei *Leuschner*) haben bei Mitarbeitern einer psychiatrischen Institution für drogengefährdete Jugendliche kollektive Formen der Triebabwehr und Abwehr von Sehnsüchten nach dem primär narzißtischen Zustand (Auflösung in der symbiotischen Vereinigung) gefunden. Am weitesten ging *Leuschner*, der in seiner interessanten Arbeit "Psychiatrische Anstalten – ein institutionalisiertes Abwehrsystem" über seine Erfahrungen während der Aufbauphase eines sozialpsychiatrischen Stadtsatelitten einer ländlichen psychiatrischen Anstalt berichtete. In dieser sozialpsychiatrischen Einheit hatte man bewußt die klassischen Behandlungsparameter aufgegeben, was dazu führte, daß zu *Beginn* ein *hochgradig pathologischer Gruppenprozeß* sich entwickelte, der, von den Patienten angestoßen, auch die Mitarbeiter im Strudel eines verrückten Miteinander-Verfangenseins zu verstricken drohte. Um dem letztlich für die Mitarbeiter unerträglichen *Verstrickungsgeschehen* zu entgehen, wurden im weiteren Verlauf Strukturen eingeführt, die sich als Kompromiß zwischen Wünschen nach Schutz bietender Bürokratisierung einerseits und institutioneller Psychotherapie andererseits interpretieren lassen. Diese Lösung wiederum entsprach einem Kompromiß im Konflikt innerhalb des Mitarbeiterteams: Während viele der Mitarbeiter nach *Schutz bietender Bürokratie* drängten, welche die Strukturen der neuen Einrichtung weitgehend denen der Mutteranstalt angeglichen hätten, steuerte die Psychotherapeuten-Fraktion in die Gegenrichtung. Dies alles führte *Leuschner* zu der Überlegung, ob nicht *die Anstalten als Institution* fast ausschließlich *im Dienste der Abwehr* psychotischer Verstrickungstendenzen stehen, und daß sie in dieser Sicht versteinerte Produkte institutionalisierter Abwehr darstellen.

Ich bin der Meinung, daß die Beobachtungen von *Leuschner* sehr wertvoll sind und daß auch seine Überlegungen und Schlußfolgerungen besondere Aufmerksamkeit verdienen. Allerdings möchte ich seine Aussagen folgendermaßen differenzieren und relativieren:

Psychiatrische Anstalten sind *nicht nur Unterdrückungs-* (so die Antipsychiatrie) und nicht *nur Abwehr-* (so *Leuschner*) Systeme, sondern sie erfüllen zunächst auch sachbezogene notwendige Funktionen (obwohl tatsächlich vielfach der Unterdrückungs- oder Abwehraspekt überhandgenommen hat).

Es besteht wohl kein Zweifel daran, daß die *Unterdrückung* abgeschafft werden sollte und nach Möglichkeit die *Abwehr* auch. Bei der Abwehr muß man sich aber einmal überlegen, ob unter den gegebenen Umständen nicht gelegentlich die Nachteile eines gewissen institutionell zwingenden Rahmens dem Chaos oder der Dekompensation der Helfer vorzuziehen wären. Wieviel zwangfreie Behandlung des Patienten kann man den Mitarbeitern oder aber auch den Patienten selbst zumuten? In der klinischen Realität sind uns Grenzen gegeben, die übrigens oft von den Patienten selbst gesehen und akzeptiert werden.

Ich kann mich erinnern, wie ich als junger Assistent Wochenenddienst hatte, als ein offensichtlich manischer Patient die Klinik und den diensthabenden Arzt aufsuchte. Drei Stunden lang habe ich mit dem Patienten über Gott und die Welt diskutiert, immer heftiger werdend, und hoffte, nachdem ich auf seinen mit hoher Geschwindigkeit sausenden Zug aufgesprungen war, diesen Zug (für den Patienten unbemerkbar) langsam zu bremsen, wie dies bei anderen Patienten manchmal möglich gewesen war. Das gelang mir diesmal nicht. Der Patient wurde zunehmend gereizt und aggressiv, die Pfleger tauchten von sich aus auf, und zum Schluß lagen wir alle, Patient, Pfleger und ich auf dem Boden, wobei ich mit der Spritze in der Hand (das war damals noch kein modernes Neuroleptikum, sondern Scopolamin-Morphium) krampfhaft versuchte herauszukriegen, welches das richtige Bein war, in das ich einstechen konnte. Einige Sekunden später – die Spritze hatte bestimmt noch nicht richtig gewirkt – stand der Patient auf, bedankte sich herzlich bei mir und ging friedlich und freiwillig in die geschlossene Station. Das heißt, er hatte die Notwendigkeit meiner Zwangsmaßnahme gegen seinen inneren Zwang (der manischen Abwehr) akzeptiert.

Zum Gebrauch von Psychopharmaka und ihrer Wirkung möchte ich anmerken: Nach meiner Meinung beruht ihre Wirkung auf einer gezielt eingesetzten (und hoffentlich klar umschriebenen) Ich-Einschränkung – das erinnert an die andere selektive Ich-Einschränkung der reifen Abwehrmechanismen, wie beispielsweise der Verdrängung. Diese Ich-Einschränkung unterbricht die Circuli vitiosi, die ja fast jede psychische Erkrankung mit charakterisieren, und gibt damit den Weg frei für Alternativlösungen und dem Ich Zeit zur Reintegration. Sieht man die Wirkung von Psychopharmaka demzufolge als eine zeitweilig notwendige Ich-Einschränkung, so folgt daraus, daß sie auf das absolut notwendige und sinnvolle Maß – sowohl der Dosierung wie in der Dauer der Medikation – reduziert werden sollten.

Es geht hinsichtlich des Zwanges aber nicht nur um unser Vorgehen bei der Medikation, bei der Fixierung am Bett, bei der Zwangsunterbringung in einer geschlossenen Station, sondern um unsere Gesamthaltung dem Patienten gegenüber, dessen *eigene Zwänge* wir *nicht nur bekämpfen* sollten, sondern *auch als Ich-Leistung respektieren* müssen. Und dies alles vielleicht am besten auf dem Hintergrund eines gleichsam *angemessenen eigenen* Schuldgefühls, das wir haben sollten als Mitglieder und Vertreter einer Gesellschaft, die selbst immer Zwang ausübt und zum Teil für die Entstehung der Zwänge des Patienten mitverantwortlich ist. Eine offene und bewußte Haltung diesem Komplex gegenüber würde uns vielleicht die schwierige Aufgabe erleichtern, den *nötigen* vom *unnötigen Zwang* zu unterscheiden und in bestimmten Situationen tatsächlich den Gegenzwang als Notreaktion anzuwenden, ohne in die Versuchung zu geraten, ihn zur eigenen Stabilisierung, geschweige zu eigennütz-licher Unterdrückung des anderen zu mißbrauchen.

Dabei soll nicht unerwähnt bleiben, daß dies alles immer noch *unteroptimale Lösungen* des Problems sind. Auch wenn wir in dem beschriebenen Sinne korrekt handeln, besteht kein Grund zum Jubeln. *Die optimale Lösung müßte ohne Zwang auskommen*. Das Tragische ist, daß wir alle in ein solches Gewirr von Zwängen und Gegenzwängen verwickelt sind, daß die optimale, zwanglose Lösung meistens eine zwar anzustrebende, eine wertvolle und Richtung weisende, aber kaum zu verwirklichende Utopie bleibt.

Die schwierigste Frage habe ich für den Schluß aufbewahrt. Ich will sie auch nicht ausführlich behandeln, sondern nur mit einigen Bemerkungen andeuten.

Nach allem, was ich dargestellt habe, fällt eine bemerkenswerte Ähnlichkeit zwischen dem im Individuum entstehenden und von der Gesellschaft oder der Institution ausgeübten Zwang auf: Zwang entsteht beide Male aus der Notwendigkeit der Kontrolle, der Vermeidung des Chaos, der Abwehr gefährlich erscheinender Tendenzen. Er erscheint zunächst als Notbehelf "nötig", wird dann aber mit Sicherheit dysfunktional und unnötig und stellt schließlich eine intrapsychische Zwangsjacke oder ein Mittel zur Gewaltanwendung dar.

Deuten diese Parallelitäten nicht auf die Wahrscheinlichkeit, daß das Zwanghafte der psychischen Störung dem Zwang entspricht, den wir auch in der Institution vorfinden? Und wenn dies sich so verhält, was bedeutet eigentlich dann diese Entsprechung und wie kommt sie zustande?

Wir wissen, daß intrapsychische Zwanghaftigkeit das Resultat einseitiger rigider Lösungen der Grundkonflikte ist. Könnte nicht in Analogie dazu auch im Bereich des Gesellschaftlichen die Zwanghaftigkeit eine ähnliche Herkunft haben? Oder könnte es nicht sogar so sein, daß die erst im gesellschaftlichen Raum entstehenden und praktizierten inadäquaten, rigiden Lösungen, über den wirkungsmächtigsten Agenten der Gesellschaft, die Familie, vorgelebt, oder sogar dem Einzelnen aufgezwungen werden? Das würde bedeuten, daß die im gesellschaftlichen Raum entstehenden Konflikte und Spannungen auf das Individuum abgewälzt werden, so daß es zwangsläufig seine eigenen Zwänge (sei es auch in der Form des *zwanghaften Ungehorsams*) entwickeln *muß*, um mit diesen Spannungen fertig zu werden.

Ich wollte zeigen, daß der Versuch, Zwang durch Gegenzwang zu unterdrücken, eine inadäquate und nur in wenigen Fällen unvermeidliche Lösung eines durch vorausgegangene inadäquate rigide Lösungen entstandenen Problems ist. Unser Ziel sollte nicht sein, Zwang durch Gegenzwang zu bekämpfen, sondern ihn durch die Förderung schöpferischer Lösungen überflüssig zu machen.

Da ich kein Soziologe bin, fühle ich mich nicht kompetent, diese, insbesondere das Individuelle betreffende Hypothese anhand der großen Institutionen zu prüfen, ich kann sie aber für die Konstellationen innerhalb der Familie bestätigen. Ich möchte hier nur an die keineswegs seltene *Delegation* (*Stierlin*) oder *Rollenvorschrift* (*Richter*) hinweisen, also das Aufzwingen von Rollen durch die Eltern auf die Kinder. Ich habe auch selbst an anderer Stelle (*Mentzos* 1982, 1990) jene häufig zu findende Konstellation beschrieben, bei der eine Mutter die beiden entgegengesetzten und unvereinbarten Pole ihres intrapsychischen Konfliktes bei ihren beiden Töchtern unterbringt und somit ihre zwei Kinder unbewußt zur Externalisierung ihres Konfliktes benutzt, wobei sie sie gleichzeitig zu ebenfalls neurotischen, zwanghaften Lösungen ihrer eigenen Konflikte veranlaßt. Analog kann man sich durchaus vorstellen, daß Mitglieder der herrschenden Klasse mit im Grunde schwacher Selbstintegration mittels der Institution, zum Beispiel auch der *Institution Krieg*, nicht nur materiellen Gewinn realisieren, sondern auch ihre narzißtische Schwäche kompensieren, ihre intrapsychischen Konflikte externalisieren, kurzum sich selbst stabilisieren, indem sie Zwang ausüben auf Kosten anderer. Diese anderen aber, also die vielen, die diesem Zwang unterliegen, geraten dabei in die Versuchung und die Gefahr, nach einem ähnlichen neurotischen Muster mit ihren eigenen intrapsychischen Konflikten und Bedürftigkeiten zu reagieren. Um am Beispiel zu bleiben: Es kann sein, daß sie entweder der Versuchung unterliegen, ihrerseits narzißtische Kränkungen oder Identitätskrisen mittels Identifizierung mit der Idee, dem Führer, der nationalistisch überhöhten Nation etc. zu kompensieren und eventuell sogar selbst Zwang auf andere zu richten. Oder aber sie unterwerfen sich einfach nur, und dadurch gewinnen sie paradoxerweise zwar zunächst an innerer Stabilität, gleichzeitig verspielen sie aber die Möglichkeit einer freien autonomen Entwicklung und unterliegen schließlich auch der autodestruktiven Dynamik des Zwangs. Alllerdings haben sie oft unter den gegebenen realen Bedingungen kaum eine andere Wahl.

Ich wollte hier nur kurz die Vielschichtigkeit der Problematik andeuten; die Schlußfolgerung lautet beim Individuum, in der kleinen Gruppe wie auch für größere gesellschaftliche Zusammenhänge gleich: Der Versuch, dem realen äußeren Zwang durch Gegenzwang oder sogar Gewalt zu begegnen, ist eine inadäquate, wenn auch oft eine unvermeidliche "Lösung". Das Hauptziel muß sein, durch Bewußtmachung der skizzierten Verzahnungen andere, schöpferische, echte Lösungen zu suchen.

Literatur

Abraham, K.: Ansätze zur psychoanalytischen Erforschung und Behandlung des manisch-depressiven Irreseins und verwandte Zustände. Zentralblatt f. Psychoanalyse II, 6 (1912).

Arieti, S. u. *J. Bemporad*: Depression. Klett-Cotta, Stuttgart 1983.

Benedetti, G.: Psychotherapeutische Behandlungsmethoden. In: Psychiatrie der Gegenwart, Bd. 4, S. 285-323, Springer, Berlin 1989.

Bibring, E.: Das Problem der Depression. Psyche 6, 81-101 (1952).

Bion, W.R.: Seven Servants. Jason Aronson, New York 1977.

Bowlby, J.: Über das Wesen der Mutter-Kind-Beziehung. Psyche 13, 415-456 (1959).

Cleckley, H.: Mask of Sanity. C.V. Mosby, St. Louis 1941, 1976.

Ciompi, L.: Affektlogik. Klett-Cotta, Stuttgart 1982.

Eichhorn, A.: Verwahrloste Jugend [1925]. Huber, Bern/Stuttgart, 7. Aufl. 1971.

Eissler, K.R. (Hg.): Searchlights on Delinquency. Intern. Univ. Press, New York 1949.

Fenichel, O.: The Psychoanalytic Theory of Neurosis. Norton, New York 1945 [Deutsch: Walter, Olten 1975].

Freud, A.: Das Ich und die Abwehrmechanismen. [London 1936], Kindler, München 1974.

Freud, S.: Psychoanalytische Bemerkungen über einen autobiographisch beschriebenen Fall von Paranoia (Dementia paranoides). GW, Bd. 8, 1911, S. 240-316.

Freud, S.: Trauer und Melancholie. GW, Bd. 10, 1917, S. 427.

Freud, S.: Neurose und Psychose. GW, Bd. 13, 1924, S. 385.

Frosch, J.: The Psychotic Process. Intern. Univ. Press, New York 1983.

Grinberg, L. et al.: Introduction to the Work of Bion. Aronson, New York 1977.

Grotstein, J.: Innerspace: Its Dimensions and its Coordinates. Intern. J. of Psychoan. 59, 55-61 (1978).

Guntrip, H.: The Manic-Depressive Problem in the Light of the Schizoid Process. Intern. J. of Psychoan. 43, 98-112 (1962).

Gut, Emma: Productive and Unproductive Depression. Travistock & Routledge, London 1989.

Hoffmann, S.O.: Charakter und Neurose. Suhrkamp, Frankfurt/Main 1979.

Jacobson, E.: Depression. Suhrkamp, Frankfurt/Main 1977.

Klein, M.: Notes on some Schizoid Mechanisms. Intern. J. of Psychoan. 27, 99-110 (1946).

Kohut, H.: The Analysis of the Self. Intern. Univ. Press, New York 1971 [Deutsch: Narzißmus. Suhrkamp, Frankfurt/Main 1973].

Kuiper, P.C.: Die seelischen Krankheiten des Menschen. Klett-Cotta, Stuttgart 1980.

Lang, H.: Zur Problematik der Übertragung in der Psychose in Abgrenzung zur Neurose. Psyche 35, 705-717 (1981).

Lempa, G.: Zur psychoanalytischen Theorie der psychotischen Symptombildung, Diss. Frankfurt/Main 1988.

Levy, D.M.: Psychopathic Behavior in Infants and Children. American Journal of Orthopsychiatry 21, 223-272 (1951).

Leuschner, W.: Psychiatrische Anstalten – ein institutionalisiertes Abwehrsystem. Psychiatr. Praxis 12, 149-153 (1985).

Mahler, M.S., F. Pine, A. Bergmann: Die psychische Geburt des Menschen. Fischer, Frankfurt/Main 1978.

Meloy, J.R.: The Psychopathic Mind. J. Aronson, Northvale, New Yersey 1988.

Meissner, W.W.: The paranoid Process. J. Aronson, New York 1978.

Mentzos, S.: Interpersonale und institutionalisierte Abwehr. Suhrkamp, Frankfurt/Main 1976, 1989.

Mentzos, S.: Neurotische Konfliktverarbeitung. Fischer, Frankfurt/Main 1982, 1989.

Mentzos, S.: Aggressionskonzepte. In: Literatur und Aggression, hrsg. v. *Cremerius, J.; W. Mauser; C. Pietzcker* u. *F. Wyatt,* Königshausen & Neumann, Würzburg 1987.

Racamier, P.-C.: Die Schizophrenien. Eine psychoanalytische Interpretation. Springer, Berlin-Heidelberg-New York 1982.

Rado, S.: The Problem of Melancholy. Intern. J. of Psychoanal. 9, 420-438 (1928).

Rosenfeld, H.: Zur Psychoanalyse psychotischer Zustände. Suhrkamp, Frankfurt/Main 1981.

Reich, W.: Charakteranalyse. Kiepenheuer & Witsch, Köln 1933.

Schmideberg, M.: The Analytic Treatment of Major Criminals: Therapeutic Results and Technical Problems. In: Searchlights on Delinquency, hrsg. v. *K. Eissler,* S. 174-189. Intern. Univ. Press, New York 1949.

Searles, H.: Counter-tranference and related Subjects. Selected papers. Intern. Univ. Press, New York 1979.

Tellenbach, H.: Melancholie. Springer, Berlin-Heidelbar-New York 1976.

Thomae, H. u. *H. Kächele:* Lehrbuch der psychoanalytischen Psychotherapie. Bd. I, Springer, Berlin-Heidelberg-New York 1985.

Tölle, R.: Persönlichkeitsstörungen. In: Psychiatrie der Gegenwart. Bd. I, Springer, Berlin-Heidelberg-New York 1986.

Volkan, V.: Transitional Fantasies in the Analysis of a Narcissistic Personality. Journal of the American Psychoanalytic Association 21, 351-376 (1973).

Wildlöcher, D.: Die Depression. Logik eines Leidens – psychoanalytisch, biologisch, historisch, sozial. Piper, München 1986.

Winnicott, D.W.: The Maturational Processes and the facilitating Environment.

Autoren- und Sachregister

Abhängigkeit 39
Abraham, K. 68
Abwehr 29, 31
  institutionelle 130
Adipositas 105
Adoptivkinderuntersuchung 14f.
Affektkorrelat 16
Aggression 31, 36f., 41, 65, 95
Aktivität 15
Alkoholdelir 22
Allergie 11
"allophil" 38
anankastisch 107ff.
Angst, psychotische 12
Angstneurose 114
Anpassungsmodus 11
Anstalt, psychiatrische 129
Antagonismus 78
Antipsychiatrie 129f.
antisozial 109
Antriebslosigkeit 83f.
Arieti, S. 68
Arlow, J.A. 29
asthenisch 107f.
Asthma bronchiale 15, 88
Authentizität 54
Autismus 38
Autodestruktion 96, 105, 133
Autonomie 39
"autophil" 38

Befehlsautomatismen 49
Befriedigung 64
Begegnung 54f., 58
"Bekommen" 15, 105
Benedetti, G. 54
"Benennung" 53, 62
Bewältigungsmechanismen 10
Beziehungswahn 96
Biebring, E. 68
biologischer Faktor 101
Bion, W.R. 57
Biorhythmen 43, 101
Bipolarität 38f., 60, 91
Borderline 17, 113f., 119
Bowlby, J. 68
Brenner, C. 29
Bulimie 92f., 105, 113
Bürger-Prinz, H. 12
Bürokratie 130

Chaos 130, 132
Charakterbildung 117
Charakterneurose 107f.
Cleckley, H. 122
Ciompi, L. 8, 48
Colitis ulcerosa 15, 88
Containing 57, 62

Deadlock 83
Defekt 10, 13, 29, 94
Defizienz 40
Delegation 133
Denkprozeß
  primär 49f.
  sekundär 49
Depression 68, 70, 79, 113
  anaklitische 104, 105
  monopolare 83
  neurotische 69, 72, 87, 97, 105
  psychotische 69, 97
  reaktive 72, 97
depressive Leere 94f.
Desintegration 9, 12, 35
Desintegrationsangst 22
dreidimensionales Modell 17, 113
DSM 13, 119
Dührssen, A. 109

Echolalie 11
Eichhorn, A. 122
Eissler, K.R. 122
Elternimago 73, 79
Ersatzbefriedigung 105
Es 37
Eßstörungen 105
Evolution 79
"Exkommunikation" 38, 49
"Exkommunizieren" 23
Exkorporation 93
Externalisierung 38, 61, 69, 95, 125
Ey, Henri 13

fanatisch 108
Fasten 105
Fenichel, O. 122
Forschung, biologische 24
Fragmentierung 94
Freiheitsgrade 125f.
Freud, A. 24
Freud, S. 21, 29, 35, 49, 51, 65, 68, 71f., 77, 79, 122
Frosch, J. 34
Frustrationsaggression 76
"Führer" 133

Gegenübertragung 55, 125
Gehlen, A. 128
geltungssüchtig 108
genetisch 63
"Gesunde" 125
Größenphantasien 72
Größenselbst 72, 75, 79, 104, 123
Grotstein, J. 123
Grundkonflikt 46, 53, 69, 90, 132
Grundstimmung 101
Grundstörung 12
Gruppenprozeß 130
Guntrip, H. 68
Gut, E. 83f.

Halluzinationen 20, 29, 61, 88, 113
Heigl-Evers, A. 26
"Hier und Jetzt" 59, 66
Hippokampus 14
histrionisch 119
Hoffmann, S.O. 108
Holding 57
Homosexualität 65
hyperthym 108, 111
hypochondrisch 113
Hysterie 114
  atypische 113f.
  maligne 113f.
hysterisch 93

Ich–
  Beschaffenheit 26
  Defizienz 29
  Einschränkung 23, 126, 131
  Erkrankung 26, 122
  Funktion 27, 34
  Grenzen 112
  Ideal 74
  Leistung 62
  Schwäche 29f., 35, 56, 113
Idealselbst 73, 75, 100
Identifikation 71, 96
  mit dem "Bösen" 124
  mit dem Aggressor 123
  projektive 35, 59, 96
Identitätsdiffusion 22
Identitätskrise 133
Indikation 66
Indikatoren, emotionelle 47
Informationsaustausch 11
Inhaltsbesetzung 69
Inkorporation 105
Institution 18, 127f., 132
Insuffizienzgefühl 98
Internalisierung 98, 123
Introjekt 92, 95
Introjektion 93, 95, 105

Jacobson, E. 30, 68

Kaechele, H. 48
Kaplan, H. 122
Katatonie 11, 12, 33, 50
Kernberg, O.F. 17, 30, 31, 73, 119
Klein, M. 31, 42, 68, 96
Kohut, H. 44, 72f., 77, 119
Kompensationsmechanismen 10

Kompromißlösung 65
Konflikt 17, 29, 114
  primärer 13
Konfliktmodell 29
Kontrollverlust 12
Konstrukt, hypothetisches 9
Krieg als Institution 133
Kuiper, P.C. 108

Lang, H. 51f.
Leitbilder 74
Lellau, 129
Lempa, G. 50
Leuschner, W. 130
Levy, D.M. 122
Libido 29, 37
Liebeswahn 96
limbisches System 101
Loch, W. 52
Lustprinzip 76

magersüchtig 105
Mahler, M.S. 30, 68, 73, 104
Manie 78f., 88
manisch depressiv 42f., 45, 68f., 90, 101, 103
Masochismus 98
masochistisch 89f., 97
Masterson 119
megaloman 69
Meißner, W.W. 123
Melancholie 45, 70, 103
Meloy, J.R. 122f.
Mentzos, S. 28, 96, 112, 133
Mikropsychodynamik 14, 21
Modus der Verarbeitung 112, 114
monopolar 91f.

Narzißmus 42
narzißtische(r)
  Homöostase 101
  Rückzug 126
  Zufuhr 44, 100
"Nehmen" 15, 105
Neurodermitis 113
Neurose 17, 25f., 48f., 113
Neurotransmitter 14

Objekt 29, 30, 42, 60, 78f.
  –funktion 78
  –"hunger" 38
  –konstanz 101f.
  –repräsentanz 21, 24, 30, 39, 69
  –verlust 43, 95, 97
Objektbeziehungstheorie 30
Objektlosigkeit 92
Oralität 104ff.

paranoid 50, 108
paranoide Position 94
Pasche, M. 35
Periodizität 101
Persönlichkeitsstörung 17, 107
phobisch 108
Prädisposition 97
Projektion 96
Psychiatrie
  biologische 7, 13
  –Institution 129
  traditionelle 69
  Psychoanalyse 19
Psychodynamik 13, 19, 22, 47
Psychodynamische Hypothese 10
Psychogenese 10, 26
Psychogenität 22
Psychopathie 107, 122
Psychopharmaka 23, 66
Psychopharmakologie 14
Psychose
  affektive 17, 42f., 68ff., 87ff.
  endogene 14ff.
  schizoaffektive 16
psychosomatisch 14
Psychosomatose 15, 16, 113
psychosoziales Arrangement 18, 59, 128

Querulanz 120f.

Racamier, P.-C. 35, 42
Rado, S. 68
Rapprochement 73, 77
Realitätsprinzip 49
Realitätsprüfung 69
Realitätsverzerrung 10

Regression 27, 47f.
Reich, W. 123
Rekonstruktion 50, 64
Rohde-Dachser, Chr. 119
Richter, H.E. 133
Rollenvorschrift 133
Rorschachtest 32
Rosenfeld, H. 66, 68

Sachvorstellung 49
sadomasochistisch 65
Schamgefühl 79
Schepank, H. 26
schizoaffektiv 46, 114
schizoid 108
Schizophrener 14
Schizophrenie 87, 90, 92
schizotypal 108
Schmiedeberg, M. 122
Schuldgefühl 79, 84
Searles, H. 57, 66
Seidel, P. 106
Selbst-
  anteil 94
  grenzen 20
  Ideal 74f.
  objekt 74
  Objekt-Differenzierung 39, 46
  repräsentanz 21, 39
  verlust 40
Selbstbestrafung 72
selbstunsicher 108
Selbstwertgefühl(s) 43, 72
  –regulation 70, 72, 75, 87, 100
Setting 28, 55, 58
Somatisierung 88, 116
Somatogenese 10, 19, 26
somatopsychisch 15
somatopsychisch-psychosomatisch 15f., 101f.
soziopathisch 109
Spaltung 35, 69, 94f.
Standardtechnik 27, 57
Stierlin, H. 133
Stillstand 83f.
"Stimmen" 49
Stirnlappenatrophie 14
stuporös 120
Symbiose 104
Symptom(e) 64
  –bildung 117
  negative 13
  positive 13
  primäre 12
  sekundäre 12
  –wechsel 18
Symptomatik, produktive 20ff., 38, 50
Syndromwechsel 18
synergistisch 75
Synapsen 101

Teilobjekt 93
Tellenbach, H. 25, 84, 118
Thomae, H. 48
Todestrieb 36
Trauer 70
  –reaktion 72
Traumatisierung 10, 37
Triangulierung 37
Typus melancholicus 25, 45, 84

Über-Ich 37, 44, 74, 84
  archaisches 79
"Über-Ich-Konto" 98
Übertragung 66
  idealisierende 58
  psychotische 59
Übungs-Subphase 72
Ulcus 15

Vaterfigur 12
Ventrikelerweiterung 14
Verarmungswahn 87
Verdrängung 52
Verfolgungswahn 65
Verleugnung 35, 38
"Verrücktheit" 10, 50
Verschmelzung 90
Verschmelzungswünsche 31
Versündigungswahn 87, 98
Verworrenheit 9
Verzerrung der Realität 10
Volkan, V. 123
Vulnerabilität 14, 22, 35

Wahnbildungen 12, 29
Wahnideen 20, 61, 63, 112
Wahrnehmungsstörung 9
Widloecher, D. 68
Winnicott, D.W. 57
Wittels, F. 122
Wortvorstellung 49
Zwang 126, 131f.
  institutioneller 18
  intrapsychischer 18
Zwangsneurose 114, 126f.
Zwillingsforschung 14